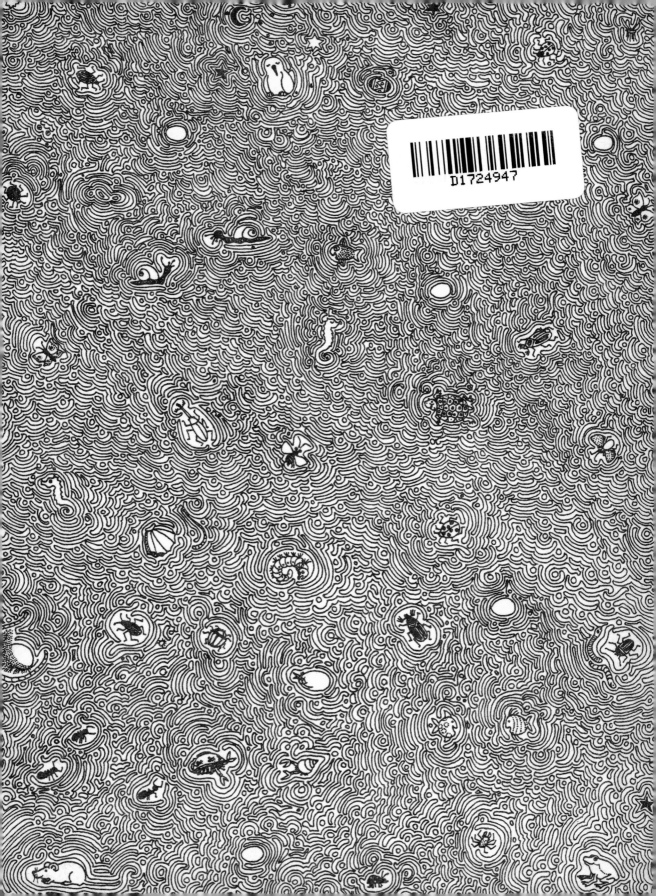

NESCH – NESCH

10 Fabeln von Oded Bourla

aus dem Amerikanischen von Folke Tegetthoff

mit Illustrationen von Christine Sormann

EDITION NEUES MÄRCHEN

Quellenverzeichnis

Oded Bourlas Fabeln wurden folgenden Büchern entnommen:

»Pandi the Panda«, »The guards of the chicks«, »Twelve-Tok-Tok«, »There was a tigris«, »The very strong hummingbird«, »Why did the kobra smile«, »Haibert«
Nesch-Nesch aus »Shalosh veod kachol«
The dancing friends aus »Paam veod Paam«

alle erschienen bei AM OVED PUBLISHING, Tel Aviv
»Good Friends«
erschienen bei HAKIBBUTS HAMEUCHAD, Tel Aviv

Für Oded, Jankele und Josi

ISBN 3-85325-003-3
1. Auflage: September 1990
© by Edition Neues Märchen VerlagsGesmbH.
Wolfsberg/Stmk. – Murray, KY., U.S.A.
Herausgeber: Folke Tegetthoff
Einbandgestaltung & Illustration: Christine Sormann
Lektorat: Heinz J. Zechner
Datenkonvertierung: FSO Graz
Druck und buchb. Verarbeitung: Ueberreuter Buchproduktion, Korneuburg
Printed in Austria

Inhalt

DIE BABYSITTER

Irgendwo in Afrika bummelte ein Leopard durch den Dschungel. Er lief dahin und dorthin und war tief in Gedanken versunken. Seine Gedanken drehten sich immer ums Fressen. Er war immer hungrig!

Mitten im schönsten Denken kam plötzlich ein Kolibri geflogen und rief aufgeregt: »He, Leo! Sei vorsichtig! Geh nicht dort hinüber! Dort lauern Jäger. Und ich habe gehört, sie wollen einen Leoparden schießen. Und du bist doch ein Leopard!« Der Leopard versteckte sich zwischen den Büschen und die Jäger mußten ohne ihn wieder abziehen. . .

Einige Tage später traf der Leopard wieder auf den kleinen Vogel. Der Kolibri saß auf einem Ast und sah sehr traurig aus.

»Was ist los, Kolibri?« fragte der Leopard, »warum bist du traurig?«

»Ach, es ist schrecklich! Ich muß dringend einkaufen fliegen, habe nichts mehr im Nest für meine Babies, aber ich kann sie nicht allein lassen — jemand hat mir erzählt, daß eine Schlange nur darauf wartet, sie aufzufressen. Das würde ich niemals zulassen! Niemals!«

Der Leopard lächelte verlegen: »Flieg nur«, sagte er, »und bringe Futter für deine Babyküken. Ich werde hier unten sitzen und aufpassen. Nun flieg doch endlich!«

»Oh, ich danke dir«, strahlte der Kolibri und flog davon.

Bald darauf kam ein Vogel Strauß vorbeigehumpelt. Er blieb in sicherer Entfernung stehen und schaute lange schweigend auf den Leoparden. Schließlich fragte er:

»Äh, was machst du hier so früh am Morgen, wenn ich fragen darf?«

»Ich stehe Wache«, antwortete der Leopard.

»Und was bewachst du, wenn ich fragen darf?«

»Die Babyküken des Kolibris.«

»AHA«, sagte der Vogel Strauß, humpelte davon und steckte schnell seinen Kopf in den Sand.

Ein Zebra trottete heran und stoppte in sicherer Entfernung.

»He! Wartest du etwa auf irgendjemanden? Vielleicht auf was zum Fressen?«

»Nein«, antwortete der Leopard, ließ seine Krallen aus der rechten Pranke springen und tat so, als würde er sie zählen, »ich stehe Wache.«

»Oh, du bewachst den Baum!? Das ist nicht notwendig – er wird nicht fortlaufen!«

»Nein, mein Freund«, sagte der Leopard geduldig, »ich bewache die Babys des Kolibris. Sie sind dort oben, in einem Nest, zwischen den Ästen.«

Das Zebra lächelte ungläubig. »Bist du auch auf den Eiern gesessen?« fragte es hämisch und machte sicherheitshalber einen Schritt zurück.

Der Leopard antwortete nicht. Er schaute das Zebra gelangweilt an und gähnte. Das Zebra drehte sich um und trottete davon.

Ein Nashorn kam auf den Leoparden zu und sagte:
»'Tschuldigung. Geh mal zur Seite. Ich muß mich
an diesem Baum kratzen.«

»Nicht an diesem Baum«, sagte der Leopard ruhig,
»such' dir einen anderen.«

»Aber – der ist wie geschaffen für mich.«

»Hörst du schlecht? Ich sagte: SUCH DIR EINEN
ANDEREN BAUM!«

»Aber – warum?« fragte das Nashorn verwirrt.
Der Leopard klappte ein Krallenmesser aus und
stocherte damit in seinem Gebiß herum: »Dort
oben, zwischen den Ästen, ist ein Nest. In diesem
Nest sitzen die Babyküken des Kolibris. Und ICH
bewache sie. Verstehst du jetzt?!«

Das Nashorn dachte lange nach. Schließlich
sagte es: »Jaaa. Ich verstehe. Und die Idee gefällt
mir! Weißt du was? Ich möchte auch gern Wache
stehen. Hast du was dagegen?«

»Wenn du unbedingt willst – bitte«, sagte der
Leopard und hob seine linke Lefze zu einem Lächeln. . .

Dann kam ein Krokodil angewatschelt und sah einen Leoparden und ein Nashorn unter einem Baum sitzen.

Verwirrt blickte es sich um und fragte: »Ist heute etwa eine Generalversammlung?«

»Nein«, sagten der Leopard und das Nashorn.

»Warum sitzt ihr dann so ruhig und friedlich hier herum?«

»Wir bewachen die Babyküken.«

»Oho«, sagte das Krokodil mit einem zarten Lächeln, »ich wußte gar nicht, daß Leoparden und Nashörner Küken haben. Man lernt doch nie aus. . .«

»Papperlapapp! Es sind doch die Babyküken des Kolibris! Dort oben, zwischen den Ästen«, sagte das Nashorn und schaufelte mit seinem rechten Fuß in die Erde – das war ein Zeichen, daß es sich ärgerte.

Das Krokodil lachte ein sehr offenes Lachen und sagte: »Wißt ihr was?! Plötzlich habe ich Lust bekommen, auch Wache zu stehen. Darf ich? Bitte, bitte!«

»Warum nicht«, antwortete das Nashorn. Und der Leopard nickte gnädig mit dem Kopf – er war auch einverstanden. . .

So saßen also die drei, der Leopard, das Nashorn und das Krokodil unter dem Baum und bewachten die Babyküken des Kolibris. Sie saßen und saßen und saßen – bis plötzlich eine Schlange sehr langsam näherkroch und dabei süßlich lächelte. Da bemerkte sie die 3 Wächter und stoppte.

»JA?!« sagte der Leopard.

»JA?!« sagte das Nashorn.

»JA?!« sagte das Krokodil.

Mit unschuldvollstem Blick fragte die Schlange: »Sprechen sie mit mir?!?«

»WOHIN?« fragte der Leopard.

»WOHIN?« fragte das Nashorn.

»WOHIN?« fragte das Krokodil.

Die Schlange deutete mit ihrem Schwanz nach oben: »Dort hinauf!« sagte sie mit süßer Stimme.

»Haben sie Verwandte dort oben?« fragte der Leopard.

»Haben sie etwas verloren dort oben?« fragte das Nashorn.

»Oder hat es mit der Aussicht dort oben zu tun?« fragte das Krokodil.

»Nein, nein«, säuselte die Schlange, »es hat mit dem Frühstück zu tun. Essen, versteht ihr?!«

»Dieses Essen kannst du vergessen!« brüllte der Leopard.

»Wieso? Warum?« fragte die Schlange.

»WARUM?« fauchte das Nashorn, »du bist wohl DUMM?!«

Die schlaue Schlange versuchte es andersherum und sagte mit hinterlistiger Stimme: »Da oben wartet leckeres Essen – ich bin bereit zu teilen, halbe – halbe«.

»Du brauchst uns nichts zu geben«, klapperte das Krokodil aufgeregt, »Auf-Nimmer-Wiedersehen!«

Die Schlange schaute die drei mit ihren runden, gelben Augen an und verstand die Welt nicht mehr. Sie war hungrig und sie war böse, aber – sie gab auf. Drehte sich um und verschwand im Gebüsch.

Als Mama Kolibri mit dem Essen nach Hause kam, erzählten die Kleinen mit aufgeregten Stimmchen: »Mami! Mami! Die böse, böse Schlange war da und wollte uns auffressen!«
»Mami! Mami! Aber unsere 3 Freunde haben sie verjagt!«
»Mami! Mami! Und die Schlange ist abgehaut und hat nicht einmal auf Wiedersehen gesagt!«

Mama Kolibri flog hinunter, zu den Babysittern und rief: »OH, ich danke euch so sehr!«
Der Leopard lächelte: »Ist schon o.k.«, und schlenderte in den Dschungel.
Das Nashorn lächelte: »Ach, das war doch selbstverständlich!« und galoppierte über die Prärie.
Das Krokodil lächelte: »Schon gut. Schon gut«, und tauchte ins Wasser.

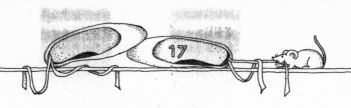

DIE TANZSTUNDE

Es waren einmal drei sehr gute Freunde. Irgendwo in Afrika. Ein kleiner Elefant, er hieß Fanti. Ein kleines Rhinozerus, es hieß Rino. Und ein kleines Flußpferd mit Namen Pferdinand.

Die Freunde spielten zusammen in den weiten Steppen Afrikas, sie badeten in den Flüssen Afrikas und aßen die Blätter der Bäume Afrikas – klar, denn sie waren ja in Afrika. Man kann nicht in Afrika sein und die Blätter der Bäume Australiens essen – das geht nun mal nicht!

Also: unsere drei Freunde marschierten eines Morgens los, um irgendetwas zu unternehmen. Sie spielten, sie tranken, sie aßen – bis sie schließlich nichts mehr zu tun wußten. Sie setzten sich unter einen Baum und dachten sehr lange, sehr angestrengt nach: was sollten sie nun tun?!

Fanti sagte: »Wir könnten Eislutscher verkaufen!« Pferdinand schüttelte seinen dicken Kopf: »Eislutscher?! In Afrika?! IIIHHH!«

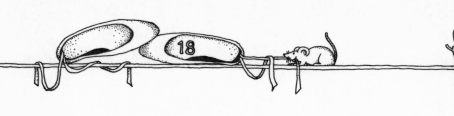

Rino meinte: »Was haltet ihr davon, ein Floß zu basteln? Wir könnten damit in ein anderes Land fahren. In ein anderes Afrika!«

Fanti erwiderte: »Und wenn wir uns verfahren? Und wieder in dieses Afrika kommen? Nein, nein, das ist keine gute Idee.«

»Was sollen wir sonst machen?« fragte Rino und kratzte sich mit seinem dicken Fuß sein kleines Ohr.

»Ich weiß was!« rief Pferdinand, »wir sollten tanzen lernen! Und zwar klassisches Ballett!«

»Hurra!« trompetete Fanti vor Freude, »genau das wollte ich schon immer machen. Meine Eltern haben mir es aber nie erlaubt. Kommt, gehen wir!«

Die drei Freunde machten sich also sofort auf die Suche nach einer geeigneten Lehrerin für sehr klassisches Ballett. Die allerbeste Lehrerin, so hatten sie überall gehört, sollte ein alter Storch sein. Ihr Name war Galina Tschernichowskaya Storch.

Die Ballettschule lag am Flußufer – das war sehr angenehm für die Schüler und den Lehrer: wenn sie durstig waren, tranken sie einfach gleich aus dem

Fluß. Die Schule besaß nämlich keinen Kühl-
schrank. . .

Fanti, Rino und Pferdinand kamen also zu Galina
Tschernichowskaya Storch. Sie stellten sich auf ihre
Zehenspitzen und sagten:
»Guten Tag, Frau Lehrerin! Wir haben gehört, sie
sind die beste Ballettlehrerin in ganz Afrika. Bitte
unterrichten sie uns im sehr klassischen Ballett!«
Galina Tschernichowskaya Storch starrte lange
auf die 3 Gestalten. Dann schloß sie die Augen
und seufzte tief: »Nun gut, wenn ihr unbedingt
wollt. Ich will versuchen, euch zu unterrichten. Zieht
euch das Trikot an und die Ballettschuhe. Gut. Das
erste, was wir lernen müssen ist die Rückenbrücke.
Alles klar?«
»Ja, Frau Lehrerin, sehr klar!«
»Achtung! Eins, zwei, drei! Jetzt nach hinten beu-
gen!«

Drei Tage später sah man Fanti, Rino und Pferdinand sehr langsam über die weite Steppe Afrikas

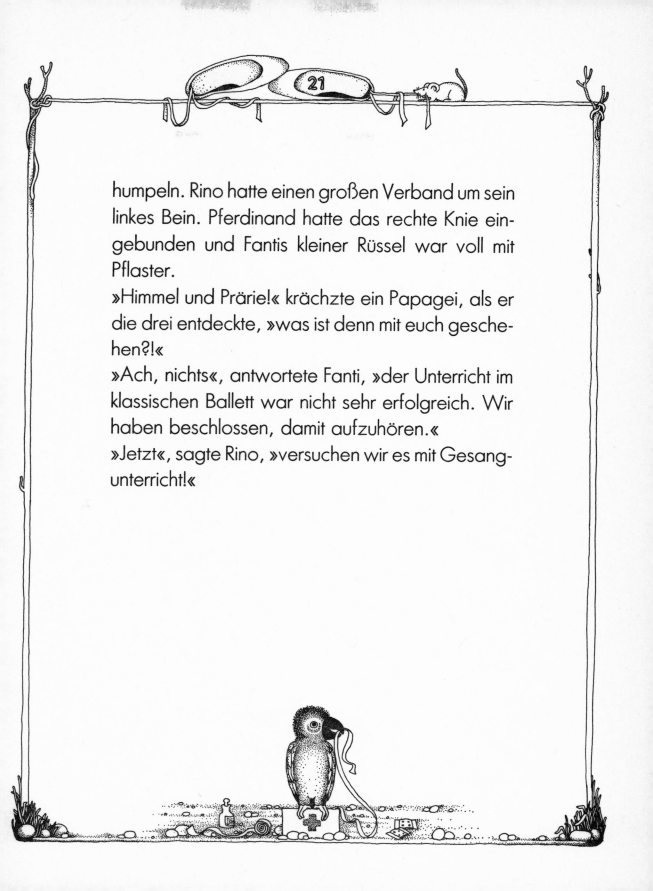

humpeln. Rino hatte einen großen Verband um sein linkes Bein. Pferdinand hatte das rechte Knie eingebunden und Fantis kleiner Rüssel war voll mit Pflaster.

»Himmel und Prärie!« krächzte ein Papagei, als er die drei entdeckte, »was ist denn mit euch geschehen?!«

»Ach, nichts«, antwortete Fanti, »der Unterricht im klassischen Ballett war nicht sehr erfolgreich. Wir haben beschlossen, damit aufzuhören.«

»Jetzt«, sagte Rino, »versuchen wir es mit Gesangunterricht!«

WOLLBALL & SCHLAFMÜTZ

In einem Land, sehr weit von uns entfernt, lebte ein schwarzes Pantherbaby. Alle nannten es »Schlafmütz«, weil es immer nur schlafen wollte – »Schlafmütz«. Mutter und Vater liebten ihr Baby über alles. Sie verwöhnten und behüteten und umsorgten ihr Baby, wie sie nur konnten – und der kleine Panther war sehr glücklich!
Er weinte nie, war selten böse, kaum mal traurig. Dazu bestand auch wirklich kein Anlaß.

Zur selben Zeit lebte in diesem sehr weit entfernten Land auch ein Rehkitz. Alle nannten es »Wollball«, weil es ein so flaumiges, wolliges Fell hatte – »Wollball«. Mutter und Vater liebten ihr Baby über alles. Manchmal vielleicht ein bißchen zuviel – sie verwöhnten und verhätschelten Wollball, wie sie nur konnten – und das kleine Rehkitz war sehr glücklich! Es weinte nie, war selten böse, kaum mal traurig. Dazu bestand auch wirklich kein Anlaß.

Eines Tages geschah es, daß sich die beiden trafen – Schlafmütz und Wollball. Zuerst schauten sie einander voll Neugierde an, dann berochen sie sich, befühlten behutsam die Nase des anderen und wurden schließlich Freunde. Sie mochten sich sehr, spielten, trieben Späße miteinander und waren sehr glücklich.

So verging die Zeit, und die beiden wuchsen heran und waren keine Babys mehr. Irgendwann sah Schlafmütz, wie Wollball grüne Blätter mampfte.

»Was tust du da?! Das sollst du nicht!« sagte er zu Wollball, »das macht mir Angst.«

»Wieso Angst?« fragte Wollball, »frißt du nie Gras und Blüten und Blätter?«

»Gras? Blüten? Blätter? Niemals!! Ich bekomme von meiner Mama nur Fleisch zu essen.«

»Was ist FLEISCH? Wer ist Fleisch? Das kenn' ich nicht!«

»Fleisch ist – Fleisch. Mein Papa und meine Mama gehen jagen und bringen mir Fleisch von verschie-

denen Tieren. Das ist's, was wir essen – Fleisch.«
»Aber. . . .das ist ja schrecklich und traurig und. . .
und noch viel schlimmer!« rief Wollball, »ich
glaube, es ist viel gescheiter, Gras zu essen. Man
tut niemandem weh und es schmeckt sehr gut.«
»Fleisch schmeckt auch sehr gut«, sagte Schlafmütz, »außerdem essen Panther kein Gras. Niemals. Nicht einmal zum Spaß.«
»Aber. . . aber. . . was soll dann aus uns werden?« sagte Wollball traurig, »wie können wir
Freunde sein, wo wir doch so verschiedene Spei-
sen essen.«
»Du hast recht. Wenn wir verschiedene Sachen
essen, dann. . . dann SIND wir auch verschieden
und können keine richtigen Freunde mehr sein.«
Sie saßen beide traurig da und dachten lange
nach. Dann stand Schlafmütz auf und ging weg.
Und Wollmütz stand auf und ging auch weg.

Schlafmütz marschierte durch den Wald und
dachte nach, bis ihm der Kopf weh tat. Schließlich
blieb er stehen und sagte zu sich: Ich werde Gras

versuchen! Wenn es ihm schmeckt, könnte er ja
wieder Wollballs Freund sein.

Er lief zu seiner Mutter und fragte: »Mami! Warum
essen wir eigentlich Fleisch und kein Gras? Ich
habe gehört, Gras soll sehr gut schmecken.«

Mama Panther lächelte: »Mag sein, daß Gras
durchaus schmackhaft ist – für Ziegen oder Elefanten oder Hasen – aber nicht für Panther. WIR
essen Fleisch.«

»Aber ICH will Gras essen!« sagte Schlafmütz.

»Gut, dann geh' und iß Gras!« sagte Mama Panther und dachte sich: Laß es ihn ruhig versuchen,
er wird schon sehen. . .

Schlafmütz lief in den Wald. Er fand ein herrlich
grünes Büschel Gras. Er schaute es eine lange Zeit
an. Dann zog er mit seinen Lippen sehr behutsam
ein Stengelchen aus der Erde und begann, darauf
zu kauen. – Sofort begann er zu husten und zu
niesen und laut zu rülpsen. Dazu verzog er sein
Gesicht, und es schüttelte ihn bis zur Schwanzspit-
ze!

Schlafmütz fand Gras kein bißchen schmackhaft.
Es war sauer und bitter und scharf und salzig!
Plötzlich aber erinnerte er sich an Wollball. »Wenn
Wollball Gras essen kann, kann ich es auch!« Und
er versuchte es nocheinmal – da schmeckte es
noch scheußlicher! Aber er versuchte es noch einmal und noch einmal und noch einmal. . .

Zur selben Zeit marschierte Wollball durch den
Wald und dachte nach, bis ihm der Kopf weh tat.
Schließlich blieb er stehen und sagte zu sich: Ich
möchte Fleisch essen lernen. Wenn ich es kann,
werden Schlafmütz und ich wieder Freunde sein!
Ist doch logisch, oder?!
Wollball lief zu seiner Mutter und rief: »Mama, ich
habe einen Beschluß gefaßt!«
»Sehr schön, mein Kind«, sagte Mama Reh.
»Ich habe beschlossen, ab heute nur noch Fleisch
zu essen!«
Seine Mutter erschrak: »Wie bitte?! Fleisch?! Wo-
her hast du denn diesen Unsinn?! Du weißt doch,
daß wir nur Gras essen. Und Blätter.«

»Ja, ich weiß«, antwortete Wollball, »aber ich will Fleisch essen. Ich habe gehört, Fleisch soll sehr gut schmecken und soll außerdem auch äußerst gesund sein.«

»Für den, der es ißt, oder für den, der gegessen wird?« murmelte Mama Reh. Aber dann beruhigte sie sich und lächelte: »O.K. Wenn du so gern Fleisch ißt, dann mußt du es auch versuchen. Geh und iß Fleisch!« – Sie wußte ganz genau, daß Wollball nie jagen, oder gar ein anderes Tier töten könnte.

Wollball lief los und suchte Beute, die er jagen konnte. Er war kein Baby mehr und trug jetzt zwei kurze, scharfe Hörner auf seinem Kopf. Er versuchte damit, kleine Tiere aufzuspießen, aber es gelang nicht: die kleinen Tiere schlugen ihm entweder auf die Nase, oder sie liefen laut lachend davon.

Aber Wollball gab nicht auf: Ich werde schon noch lernen Fleisch zu essen, dann wird Schlafmütz wieder mein Freund sein!

Viele Tage waren vergangen. Wollball pirschte wieder mal durch den Wald und hielt nach Beute, aber auch nach seinem Freund Schlafmütz Ausschau. Wollball sah abgemagert und hungrig und äußerst ungepflegt aus.

Wollball traf einen Papagei, der auf einem Ast saß: »Haben Sie vielleicht meinen Freund Schlafmütz gesehen?«

Der Papagei schaute verächtlich von oben herab und krächzte: »Wenn ich einen Panther sehe, und sei es auch nur ein ganz kleiner, flieg ich so schnell wie möglich, so weit wie möglich davon!«

Wollball lief weiter und traf einen sehr getupften Frosch. »Haben Sie meinen Freund Schlafmütz gesehen?«

Der Frosch antwortete nicht. Er rülpste, als wäre er allein und schaute dabei in die andere Richtung. Vielleicht hatte er Zahnschmerzen. . .

Zur selben Zeit lief Schlafmütz auf der anderen Seite des Waldes und hielt nach saftigen Grasbüscheln und. . . Wollball Ausschau.

Schlafmütz war dünn geworden, sah ausgezehrt und erbärmlich aus. Er traf eine Python. »Thoni, hast du Wollball gesehen, meine beste Freundin?« Das Lächeln der Python wurde ein breites Grinsen: »Wenn ich sie gesehen hätte, wäre deine Freundin jetzt allerdings hier. In meinem Bauch, verstehst du?«

Schlafmütz sah die Schlange verächtlich an und lief weiter. Gleich darauf stieß er auf einen kleinen Hasen. Als der Hase den Panther auftauchen sah, war er mit einem Satz in seinem Bau und lugte ängstlich hervor. Schlafmütz blieb vor dem Loch stehen und fragte:

»'Tschuldigung, hast du meine Freundin Wollball gesehen?«

Der Hase zitterte am ganzen Körper. »Ich habe gehört«, stotterte er, »man erzählt sich – Wollball wollte meine Schwester auffressen. Ich verstehe diese Welt nicht mehr!« Und der Hase starrte auf den Grashalm, der Schlafmütz aus dem Mund hing.

»Red nicht solchen Unsinn, Hase!« schrie der Pan-

ther, »weißt du nicht, daß Wollball ein Rehkitz ist? Es frißt nur Gras — so wie ich!«

Der Hase verschwand. Er verstand die Welt wirklich nicht mehr. . .

Dann, mit einem Mal, standen sie sich gegenüber: Wollball und Schlafmütz. Für einen sehr langen Moment starrten sie sich ungläubig an: Zuerst erkannten sie einander gar nicht: beide waren völlig abgemagert, schmutzig und unfrisiert.

»Schlafmütz? Bist du es?« fragte Wollball.

»Wollball? Bist du es?« fragte Schlafmütz.

»Ich dachte«, begann Wollball, »wenn ich es mit Fleisch versuche, könnten wir wieder Freunde sein.«

»Und ich dachte«, sagte Schlafmütz, »wenn du Gras essen kannst, kann ich es auch. Aber es hat scheußlich geschmeckt. Es hat mich gestochen und mir die Zunge verbrannt.«

»Da hast du wahrscheinlich giftigen Efeu erwischt«, lachte Wollball. »Weißt du was: Fleisch schmeckt doch nicht so gut. Und vorallem ist es recht schwierig, es sich zu besorgen. Meine Beute hat mich oft gekratzt und geschlagen!«

»Tja, du bist eben kein Jäger«, sagte Schlafmütz, »außerdem hast du keine scharfen Zähne und Krallen.«

»Und du bist kein Pflanzenfresser – du kennst ja nicht einmal den Unterschied zwischen Efeu und Klee!«

»Naja – was sollen wir jetzt machen?« sagte Schlafmütz traurig, »wir haben es nicht geschafft. Beide nicht. Ich habe einen solchen Hunger auf ein Stückchen Fleisch.«

»Und ich habe Sehnsucht nach saftigem Gras!« So saßen sie beide da – versunken in tiefe Gedanken.

»Wollball«, sagte Schlafmütz.

»Was?!«

»Müssen Freunde immer dasselbe tun? Müssen sie dasselbe essen und dasselbe gern haben? Können wir nicht Freunde sein, auch wenn wir nicht denselben Geschmack haben?«

»Ich denke schon«, antwortete Wollball.

»Sollen wir es versuchen?!« fragte Schlafmütz hoffnungsvoll.

»JA!« rief Wollball, »versuchen wir's! Aber vielleicht sollten wir zuerst nach Hause laufen und uns waschen!«

»Du hast recht. Unsere Eltern machen sich sicher schon Sorgen um uns.«

Sie strichen sich zärtlich über ihre Nasen und liefen nach Hause.

Schlafmütz nahm ein Bad, fraß einige große Brocken Fleisch und legte sich zufrieden schlafen.

Wollball nahm ein Bad, mampfte sich mit Gras voll und versprach seinen Eltern, nie mehr jagen zu gehen.

DER SEHR STARKE KOLIBRI

Irgendwo in Afrika wurde eines Tages ein rubinroter Kolibri geboren. Ein sehr kleines Kolibribaby. Ein Küken. Einige Tage, nachdem er aus dem Ei geschlüpft war, saß er aufrecht in seinem Nest und es sah aus, als würde er angestrengt nachdenken. Schließlich fragte er seine Mutter:

»Mami, bin ich ein Einzelkind?«

»Ja«, seufzte die Mutter, »es war zwar noch ein anderes Ei im Nest, aber es verschwand. . . «

»Das ist gut«, sagte das Küken.

»Mami – stimmt es, daß ich später einmal, wenn ich groß bin, sehr stark sein werde? Ich meine – SEHR stark?«

Mama Kolibri sah ihn liebevoll an und meinte: »Natürlich, Ham-Ham.« – Das war sein Name: Ham-Ham.

»Ist es wahr, daß sich dann jeder vor mir fürchten wird?«

»Aber ja«, lächelte die stolze Mutter.

»Und – ich werde jeden Tag jagen gehen und ein Held sein?«

Mama Kolibri mußte hinter Ham-Hams Rücken herzlich lachen – «Sicher, mein Baby, da gibt es keinen Zweifel! Du wirst ein großer Held sein!«

Als Ham-Ham ein bißchen größer war, sagte seine Mutter zu ihm: »Es wird Zeit, daß du das Fliegen versuchst. Du bist groß genug dafür!«

»Nein«, sagte Ham-Ham, »ich bleibe hier sitzen. Wenn ich ganz sicher bin, daß ich fliegen kann, werde ich fliegen. Und keine Minute früher.«

Eines Tages richtete sich Ham-Ham plötzlich mit einem Ruck auf, zog seine Flügel und schrie:

»HARRR! Ich bin Ham-Ham, der Schreckliche! Ich fliege jetzt! Alles zur Seite treten!«

Nach zehn Sekunden wildem Geflatter kehrte er sehr müde in sein Nest zurück.

Seine Mama war sehr zufrieden: »Du bist geflogen! Jetzt bist du ein richtiger, großer Kolibri!«

»Ich weiß«, antwortete er, »jeder nennt mich

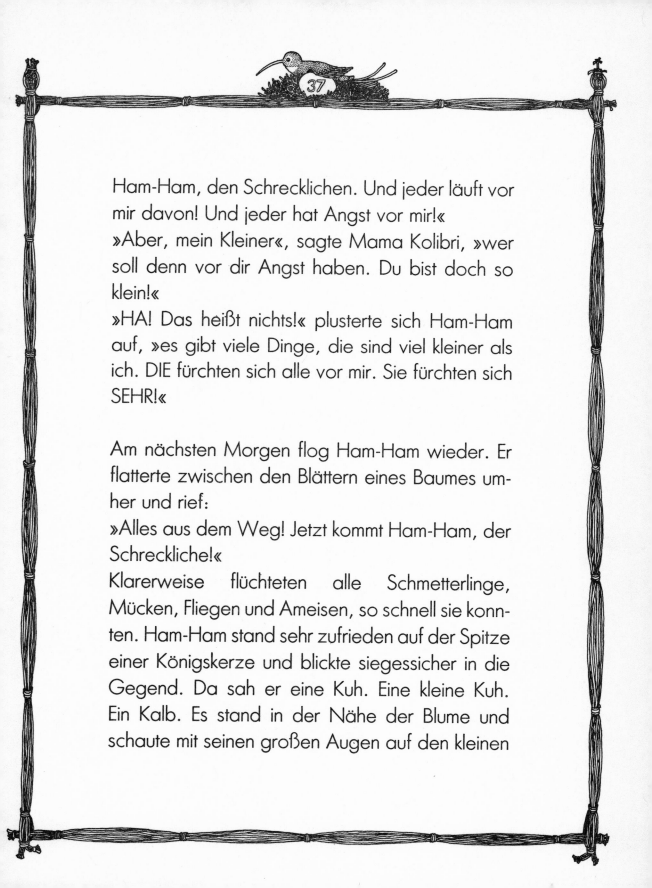

Ham-Ham, den Schrecklichen. Und jeder läuft vor mir davon! Und jeder hat Angst vor mir!«

»Aber, mein Kleiner«, sagte Mama Kolibri, »wer soll denn vor dir Angst haben. Du bist doch so klein!«

»HA! Das heißt nichts!« plusterte sich Ham-Ham auf, »es gibt viele Dinge, die sind viel kleiner als ich. DIE fürchten sich alle vor mir. Sie fürchten sich SEHR!«

Am nächsten Morgen flog Ham-Ham wieder. Er flatterte zwischen den Blättern eines Baumes umher und rief:

»Alles aus dem Weg! Jetzt kommt Ham-Ham, der Schreckliche!«

Klarerweise flüchteten alle Schmetterlinge, Mücken, Fliegen und Ameisen, so schnell sie konnten. Ham-Ham stand sehr zufrieden auf der Spitze einer Königskerze und blickte siegessicher in die Gegend. Da sah er eine Kuh. Eine kleine Kuh. Ein Kalb. Es stand in der Nähe der Blume und schaute mit seinen großen Augen auf den kleinen

Vogel. Sein Schwanz wackelte langsam hin und her.

»Warum glotzt du mich so an?« fragte Ham-Ham, »hast du noch nie einen sehr starken Kolibri gesehen?!«

»Nein«, sagte das Kalb und sein Schwanz ging etwas schneller.

»Er sitzt vor dir! Man nennt mich Ham-Ham, den Schrecklichen! Ich bin sehr stark! Jeder fürchtet sich vor mir. Fürchtest du dich?«

»Ich weiß nicht«, antwortete das Kalb.

»Also: fürchte dich! Schnell!«

»Gut, wenn du meinst«, sagte das Kalb.

»Brav. Jetzt darfst du nach Hause gehen.«

»Wieso?« fragte das Kalb und sein Schwanz stand für einen Moment still.

»Weil es schon spät ist, verstehst du«, schimpfte Ham-Ham.

»Nein«, antwortete das Kalb, und der Schwanz drehte sich wie ein Propeller.

»Aber vielleicht wartet deine Mama schon auf dich. Bist du hungrig?«

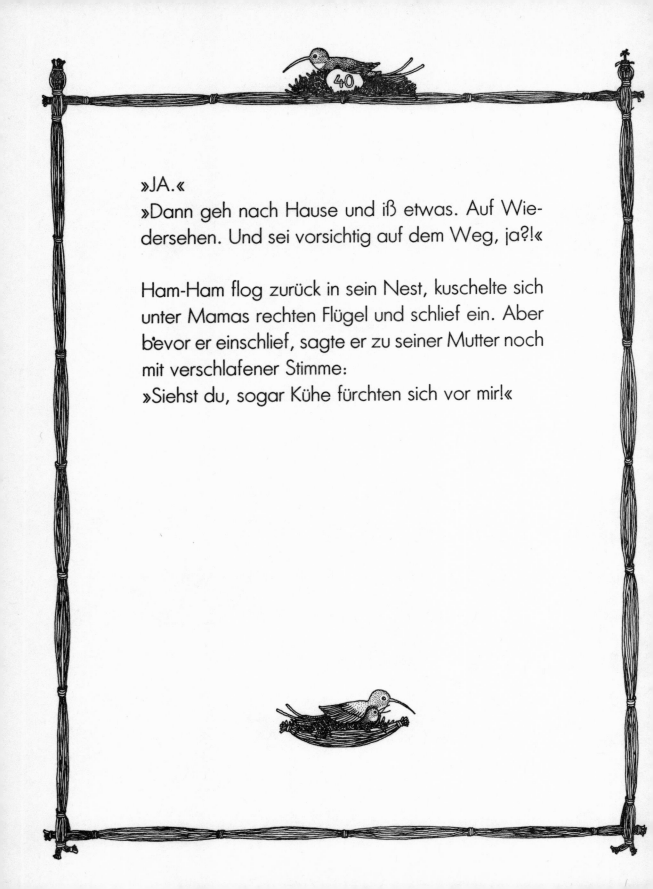

»JA.«

»Dann geh nach Hause und iß etwas. Auf Wiedersehen. Und sei vorsichtig auf dem Weg, ja?!«

Ham-Ham flog zurück in sein Nest, kuschelte sich unter Mamas rechten Flügel und schlief ein. Aber bevor er einschlief, sagte er zu seiner Mutter noch mit verschlafener Stimme:

»Siehst du, sogar Kühe fürchten sich vor mir!«

ZWÖLF-TOK-TOK

Mitten in Afrika, auf einer weiten Steppe, wuchs eine Palme. Im Schatten dieser Palme stand ein Vogel-Strauß-Baby. Es stand abseits von den anderen Straußenbabys, und es sah so aus, als ob es nachdenken würde. Das ist für einen Vogel Strauß sehr ungewöhnlich.

Als die Straußenküken zur Welt gekommen waren, hatten sie alle ganz gleich ausgesehen. So gleich, daß Mama und Papa Strauß ihnen sofort Namen geben mußten.

So bekamen sie Namen, aber nicht die üblichen, wie Adelheid, Ebenezer, Gwendolin oder Hans Georg. Die kleinen Strauße bekamen Zahlen als Namen. Und das kam so:

Als das erste Küken aus dem Ei schlüpfte, tippte ihm seine Mutter auf den Kopf und sagte: »Eins. Du bist Eins! Merk es dir gut, Eins!«

Und das kleine Küken tschilpte: »EINS«.

Als das zweite kam, tippte ihm seine Mutter auf den Kopf und sagte: »Du bist zwei!«
Und das zweite Küken tschilpte: »ZWEI«.
So ging das weiter bis zur Nummer Achtzehn. Sie sahen alle gleich aus, aber sie hatten ja ihre Namen – so war alles in Ordnung!

Als sie ein bißchen größer geworden waren, hörte man manchmal Zwei und Sechs rufen: »Acht und Dreizehn! Erzähl Sieben und Fünfzehn, daß Zehn und Siebzehn nach Drei und Neun suchen! Und sag es auch Elf! Und Sechzehn!«
Alle 18 Küken waren sehr wohlerzogen und gehorsam und lernten fleißig. Alle – bis auf Zwölf.
Zwölf war anders. Seine Brüder und Schwestern wußten inzwischen, wie man frißt, ohne sich zu verschlucken, wie man Wasser trinkt, ohne husten zu müssen, sie wußten, daß man sich verstecken mußte, wenn Mama Strauß das Gefahrensignal pfiff. Sie wußten, wie man das Fressen unter dem Felsen hervorholt, sie kannten die verschiedenen Gerüche der verschiedenen Blumen – nur Zwölf

konnte diese Dinge einfach nicht lernen. Wenn er mit den anderen auf Essenssuche herumwanderte, träumte er oder mußte an seltsame Dinge denken. Daß es doch seltsam sei, daß Herbst, Gefahr und Giraffe anders riechen. Oder er dachte an die Biene, die immer unter starkem Kopfweh litt, oder an den Schmetterling, der nicht zu niesen aufhören konnte.

Zwölf interessierte sich auch für das Gespräch, das zwei Mücken miteinander führten:

»Ja?!« – »Vielleicht.« – »Warum?!« – »Es muß!« – »Hast recht.« – »Wann?!« – »So, so.« – »Zusammen.« – »Besser.« – »Zugegeben ja!« – »Natürlich!« – »Mehr!!« – »Warum nicht.« – »Danke.«

Manchmal wollte er wirklich und ernsthaft Dinge lernen, die seine Brüder und Schwestern schon wußten, aber – es klappte einfach nicht! Seine Mutter hatte die meiste Zeit Ärger mit ihm. Als er eines Tages beim Spaziergang wieder mal hinter den anderen blieb, rief seine Mutter:

»Herrgott nochmal, was machst du denn schon wieder?!«

»Ich schaue der Blume beim Wachsen zu!« antwortete Zwölf.

»Bei meinen Federn«, seufzte Mama Strauß,
»wieso kannst du nicht mit uns gehen und zuhören,
wenn ich euch wichtige Sachen lehre!«

»Tu' ich ja«, sagte Zwölf, »wenn ich mit dir gehe,
passe ich immer sehr genau auf, aber. . . ich höre
andere Dinge.«

Später, als Mama Strauß begann, ihre Kinder zu
lehren, wie man Käfer aufspürt und sie frißt und wie
man Kieselsteine schluckt, stand Zwölf wieder mal
abseits.

»Was ist los, Zwölf«, stöhnte seine Mama, »was
tust du da?!«

Zwölf stand bei einem großen, grünen Stein und
schnüffelte:

»Ich rieche jemanden schlafen. Schlafen und träumen!«

»Bei meinen Federn! Was soll ich nur machen mit
dir! Deine Geschwister wissen bereits − fast −
alles, und du weißt − nichts!«

»Tut mir leid, Mama«, sagte Zwölf und lächelte verlegen.

»Aber warum? Warum bist du nicht so, wie alle anderen?«

»Vielleicht – vielleicht kommt es daher, weil du mir so GROSSE Sachen beibringst, wo doch mein Kopf so klein ist. . . «

»Nein, nein, nein, das ist es nicht! Du MUßT bestimmte Dinge lernen. Sonst weißt du nicht, wie. . . warum. . . wer. . . OH, bei meinen Federn!«

An einem anderen Tag, als alle Straußenkinder brav ihre Hausaufgaben machten (mit dem großen Zeh die Erde aufgraben. . .), war Zwölf plötzlich verschwunden. Seine Mutter lief aufgeregt umher, bis sie ihn endlich fand: »Wo warst du? Was tust du schon wieder?!«

»Ich bin freundlich zu einem Frosch!« sagte Zwölf stolz, »er hat mich angelächelt und versprochen, mir singen zu lernen.«

Ein paar Tage später stand er bei der Palme, allein und traurig.

»Was ist los, Zwölf?«

»Ach, ich mache mir Sorgen um einen Löwen. Er ist sehr alt und hat keinen einzigen Zahn mehr im Maul.«

»Das ist nicht deine Sache, Zwölf«, sagte Mama Strauß ernst.

»Aber Mama, dann kann er doch nicht mehr fressen.«

»Ist mir gleich!«

»Aber mir nicht! Mir ist das nicht gleich! Er wird schrecklich hungrig sein. Jemand muß sich um ihn kümmern.«

»Aber nicht du, Zwölf!«

»Doch, Mutter, ICH. Wenn ich ihm nicht helfe, wird ihm vielleicht niemand helfen. Er fühlt sich schon ganz elend.«

»Oh, Himmel, bei meinen Federn! Von mir aus – geh' und hilf ihm – aber sei vorsichtig!«

»Bin ich, Mama, bin ich! Ich füttere ihn – aus der Ferne!«

Zwölf sah, wie traurig seine Mutter war. Da wurde er auch traurig und versuchte zu lächeln – aber es klappte nicht ganz. . .

Mit der Zeit wurde Zwölf von seinen Geschwistern nur noch »Zwölf-Tok-Tok« gerufen. Sie sagten, wenn man auf seinen Kopf klopft, macht es »TOK-TOK«, weil sein Kopf leer ist. Nichts drinnen. Tok-Tok.

Zwölf lächelte über die Späße seiner Geschwister. Aber in seinem Inneren war er traurig, weil die anderen dachten, sein Kopf sei leer. Er wußte, sein Kopf war NICHT leer. Er wußte, sein Kopf war voll mit Gedanken – es waren eben nicht die Gedanken, die im Kopf sein sollten – es waren seine EIGENEN Gedanken!

Die Zeit verging und die Straußenkinder wuchsen heran. Sie waren keine Küken mehr, sondern richtige, kleine Vogel-Sträuße. Sie schauten alle gleich aus und alle benahmen sich so, wie Vogel-Sträuße sich zu benehmen haben – einer machte den anderen nach.

Nur Zwölf war noch immer so, wie er schon als Baby war: ANDERS!

Er hatte nichts dazugelernt. Manchmal, wenn er

sehr traurig war, wünschte er sich so zu sein, wie die anderen. Aber er wußte nicht, wie er das jemals schaffen sollte.

Zwölf war ein wenig größer als seine Geschwister. Er spazierte mit ihnen, blieb aber immer etwas abseits. Und während die anderen lernten, wie man ein braver, normaler Vogel-Strauß wird, unterhielt sich Zwölf mit Bäumen, sang mit zwei Chamäleons dreistimmige Lieder, half einer Spinne, die ein Bein verloren hatte, spielte Babysitter bei Familie Mungo und kratzte ein Rehkitz an all den Stellen, die es selbst nicht erreichen konnte.

Dann wurde es für die Strauß-Teenager Zeit, sich von den Eltern zu trennen und ihre eigenen Wege zu gehen. Die Baby-Sträuße waren große Vogel-Sträuße geworden. Sie sagten sich alle »Auf Wiedersehen« und gingen.
Auch Zwölf-Tok-Tok marschierte in die weite Steppe hinaus.

Seine Mutter aber war etwas beunruhigt über ihren Zwölf und folgte ihm heimlich ein Stück.

Da hörte sie ihn mit einem Nashorn reden, dessen Horn abgeschlagen war. Sie versuchte, dem Gespräch zu folgen, aber das war sehr schwierig:

»Seltsame Vögel heute unterwegs«, sagte Zwölf.

»Ich verstehe, wenn du mir sagst, es gibt keine rechtwinkeligen Kreise«, brummte das Nashorn.

»Ich spazierte der Sonne entgegen und warf keinen Schatten«, erwiderte Zwölf.

»Es gibt an jeder Ecke ein Lächeln«, flüsterte das Nashorn.

»Eine echte Heldentat strahlt in der Nacht!« rief Zwölf.

»Trotzdem ist es nicht schlecht, sich langsam auf die Socken zu machen«, antwortete das Nashorn.

»Manchmal fühle auch ich mich sehr möglich«, sagte Zwölf.

»Wie fühlst du dich heute?« fragte das Nashorn.

»Orange«, sagte Zwölf.

Voller Verzweiflung über so einen mißratenen

Sohn wühlte Frau Strauß mit ihren Krallen in der Erde und kehrte schweren Herzens um.

Eine sehr lange Zeit war Zwölf-Tok-Tok ein sehr eigenartiger Vogel-Strauß. Fast jeder dachte so über ihn. Aber er ging seinen Weg und entdeckte links und rechts davon viele wunderbare Dinge: Er fand heraus, daß es Blumen gibt, die zwei verschiedene Düfte haben.

Er ließ sich von den Mondstrahlen trösten, wenn er in langen Nächten traurig war.

Er hörte die Erde zum Sommerregen sagen: »Danke. Mehr, mehr!«

Er lernte, daß es einem Ast weh tat, wenn man ihn brach.

Er wurde ein Freund von Namili, der Ameise, die wunderschöne Gedichte schrieb.

Er konnte den flüsternden Abendwind hören und. . . ihn verstehen.

Und er konnte sogar Dinge denken, die später wahr wurden!

Die anderen Tiere der Steppe sagen, nach einigen Jahren hatte auch Zwölf-Tok-Tok alle Dinge gelernt, die jeder normale Vogel Strauß wußte. Er schaute fast genauso aus, wie alle anderen Vogel-Sträuße. Er dachte, und er benahm sich auch so wie sie. Er war nicht mehr Tok-Tok.
Und die anderen Tiere sagen, daß ein hübsches Vogel-Strauß-Mädchen ihm gesagt hätte, es wäre besser, nicht mehr so anders zu sein wie alle anderen. Er solle einfach ein Vogel-Strauß sein.

Heute ist Zwölf selbst Vater. Er und Frau Strauß haben 19 kleine Sträuße, alle sind hübsch, süß und flaumig. Sie lernen alle brav, sie schauen alle gleich aus und sie benehmen sich alle so, wie es sein soll. Alle – bis auf einen. . .

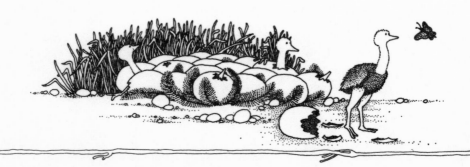

WARUM DIE KOBRA LÄCHELTE

Im Dschungel von Vietnam – das ist ein Land, ziemlich weit weg von hier – lebten ein paar Schlangen. Eine jede von ihnen war 5 Meter lang. Man nannte sie *Königskobras* – die längsten aller giftigen Schlangen. Sie führten ein ruhiges, zufriedenes Leben – keiner im Dschungel von Vietnam hatte nämlich Lust, ihnen zu begegnen.

Gut. Was aber passierte?! Eines Tages spazierten fünf junge Elefanten durch den Dschungel von Vietnam. Sie hatten beschlossen, auf Abenteuersuche zu gehen.

»Stellt euch vor«, sagte der 1.Elefant aufgeregt, »wir entdecken irgendein Land, oder ein Meer, das man vergessen hat, zu entdecken!«

»Vielleicht«, sagte der 2.Elefant, »finden wir eine Schatzkiste voll mit süßen Blättern!« – »Oder, nur so zum Beispiel«, sagte der 3.Elefant, »wir kommen auf die Straße in das Land des Friedens. Das Land, in dem es keine Elefanteneltern gibt!«

»Unter Umständen«, sagte der 4. Elefant, »können wir ein Land finden, in dem es keinen Schmutz gibt. Ich hasse Schmutz!«

»Möglicherweise«, sagte der 5. Elefant, ». . . WAS IST DAS?!?!«

»Was heißt -Was ist das-?!« riefen alle anderen und waren stehengeblieben.

»Da! Dort! Hier! Vor uns!« rief der 5. Elefant.

»Ach so, das«, sagte der 1. Elefant, »das ist eine Kobra. Komm, Kobi, verschwinde! Wir müssen hier durch. Sind auf Schatzsuche.«

»Vorssssssicht!« zischte die Kobra, stellte ihren Kopf senkrecht in die Höhe und spreizte den Nacken wie einen Hut mit Augengläsermuster. »Vorssssssicht«, zischte sie noch einmal, »hier kommt ihr mir nicht durch! Niemalsssss!«

»Na, wie finde ich denn das«, sagte einer der Elefanten, »SIE verstellt UNS den Weg! Wo gibt's denn sowas?!«

Ein anderer Elefantenjüngling sagte: »Äh, weißt du überhaupt, daß ich dich mit einem einzigen meiner zarten Füßchen zermalmen kann? Und ich habe

VIER davon! Und wir sind fünf Elefanten und wir haben – wir haben zusammen – ungefähr. . . «

Er drehte sich zu seinen Freunden: »Wieviel Füße haben wir eigentlich zusammen? Ungefähr.«

Die Elefanten überlegten. Schließlich sagte einer: »Ich weiß nicht. Ich habe sie noch nie gezählt!«

»Gut«, sagte endlich der, der mit der Kobra gesprochen hatte, »wir haben VIELE Füße. Ich glaube es ist besser, du verschwindest jetzt!«

»NEIN!!!« schrie die Kobra. Sie stellte sich noch höher auf und begann hin und her zu schwingen. Das bedeutete – Angriff!

»Kobrachen«, sagte einer der Elefanten, »ich verstehe dich nicht. Warum verstellst du uns den Weg? Willst du uns ärgern?«

»Nein«, antwortete die Kobra, »ich will nur nicht, daß meine Eier gestört werden, die ich gelegt habe. Jede Minute müssen sie brechen und meine Babykobras daraus schlüpfen. Mein Mann besorgt gerade Essen. Ich habe tagelang nichts gegessen, habe nur gewacht.«

Die fünf Elefanten schauten einander an. Der erste

den zweiten, der zweite den vierten, der dritte den fünften. Dann traten sie alle gleichzeitig und sehr vorsichtig ein paar kleine Schrittchen zurück. »Das ist eine Mama!« flüsterte ein Elefantenjüngling verwirrt.

»Jetzt weiß ich auch, wo sie den Mut hergenommen hat, uns aufzuhalten«, sagte ein anderer.

»Ich weiß noch, wie meine Mama mich immer beschützte!« sagte der dritte.

»Meine Mutter beschützt mich heute noch!« sagte der vierte.

»Kommt, laßt uns vorsichtig nach rückwärts abhauen und einen kleinen Umweg zu unserem Schatz machen«, sagte der fünfte Elefant, »wir wollen die junge Mutter ja nicht stören, und ich will schon gar nicht auf die Eier treten!«

Als Mama Kobra zu ihren Eiern zurückgekehrt war, sah sie die ersten Babies aus den Eiern schlüpfen. Sie krochen und drehten und schlängelten sich und zischten mit ihren dünnen Stimmchen:

»Mama! Mama! Wo bisssst du, Mama?!«

Da lächelte die Kobra.

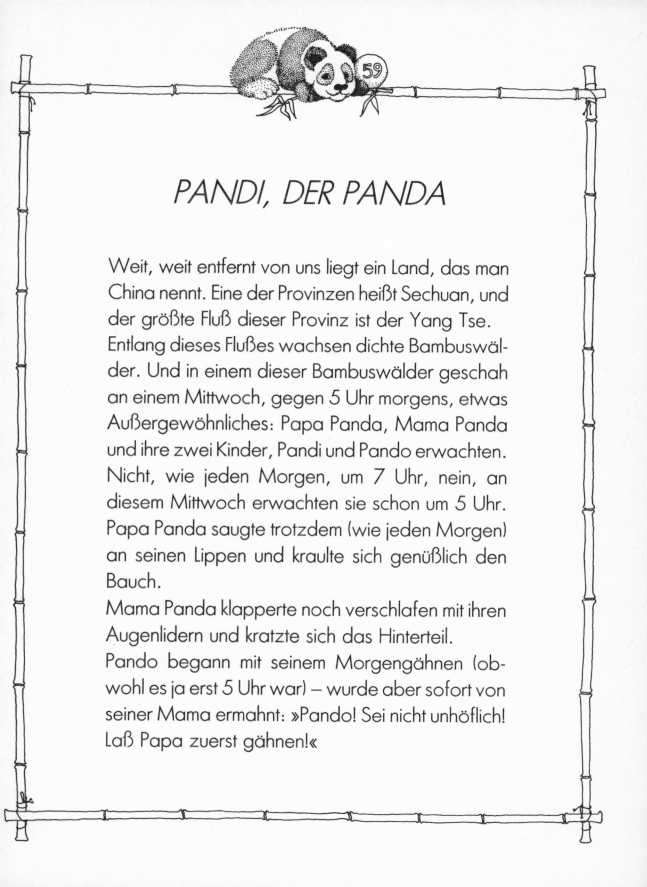

PANDI, DER PANDA

Weit, weit entfernt von uns liegt ein Land, das man China nennt. Eine der Provinzen heißt Sechuan, und der größte Fluß dieser Provinz ist der Yang Tse. Entlang dieses Flußes wachsen dichte Bambuswälder. Und in einem dieser Bambuswälder geschah an einem Mittwoch, gegen 5 Uhr morgens, etwas Außergewöhnliches: Papa Panda, Mama Panda und ihre zwei Kinder, Pandi und Pando erwachten. Nicht, wie jeden Morgen, um 7 Uhr, nein, an diesem Mittwoch erwachten sie schon um 5 Uhr. Papa Panda saugte trotzdem (wie jeden Morgen) an seinen Lippen und kraulte sich genüßlich den Bauch.

Mama Panda klapperte noch verschlafen mit ihren Augenlidern und kratzte sich das Hinterteil.

Pando begann mit seinem Morgengähnen (obwohl es ja erst 5 Uhr war) – wurde aber sofort von seiner Mama ermahnt: »Pando! Sei nicht unhöflich! Laß Papa zuerst gähnen!«

Nur mit größter Mühe konnte Pando sein Maul wieder zuklappen: »'Tschuldigung!«

Papa Panda gähnte, fuhr sich mit der Zunge langsam über die Lippen und sagte: »Ja. Ja. Wieder kommt ein Tag. Wenn auch etwas zu früh heute. Hoffentlich kommt er wenigstens wieder von derselben Seite. Er kommt ja jeden Tag von dieser Seite. Und da dies sehr beruhigend ist, können wir mit dem Essen beginnen.«

»Mama«, fragte Pandi, »warum machen wir den Mund auf, wenn wir gähnen?«

»Weil. . . der Grund dafür. . . also, die Sache ist die. . . fest steht, daß. . . Ach, genug! Frag nicht solche Fragen so früh am Morgen! Iß dein Frühstück und sei ruhig!«

Pando kam gerade vom Buschklo zurück und sagte: »Entschuldigung!«

»Wofür entschuldigst du dich?!« fragte Mama Panda.

»Ich hatte vor einiger Zeit gerülpst – sehr laut.«

Die nächsten 3 Stunden war die ganze Familie mit

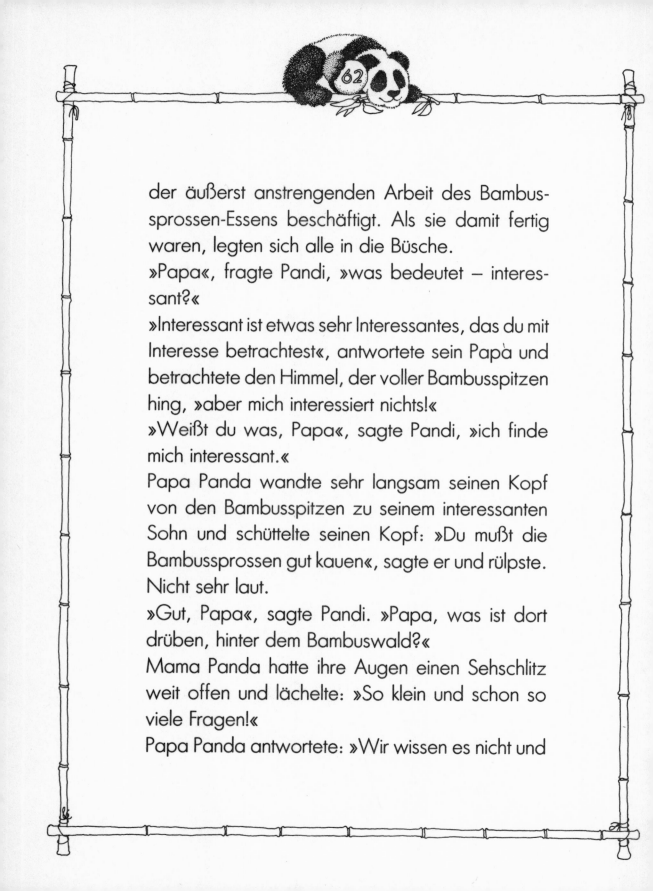

der äußerst anstrengenden Arbeit des Bambus-sprossen-Essens beschäftigt. Als sie damit fertig waren, legten sich alle in die Büsche.

»Papa«, fragte Pandi, »was bedeutet – interessant?«

»Interessant ist etwas sehr Interessantes, das du mit Interesse betrachtest«, antwortete sein Papa und betrachtete den Himmel, der voller Bambusspitzen hing, »aber mich interessiert nichts!«

»Weißt du was, Papa«, sagte Pandi, »ich finde mich interessant.«

Papa Panda wandte sehr langsam seinen Kopf von den Bambusspitzen zu seinem interessanten Sohn und schüttelte seinen Kopf: »Du mußt die Bambussprossen gut kauen«, sagte er und rülpste. Nicht sehr laut.

»Gut, Papa«, sagte Pandi. »Papa, was ist dort drüben, hinter dem Bambuswald?«

Mama Panda hatte ihre Augen einen Sehschlitz weit offen und lächelte: »So klein und schon so viele Fragen!«

Papa Panda antwortete: »Wir wissen es nicht und

wir wollen es auch nicht wissen. Alles, was ich weiß, ist: dort drüben ist es – gefährlich. Hier ist es – sicher. Klar!?«

Plötzlich sagte Pando: »Bis später!« – Aber er blieb sitzen. Alle schauten ihn fragend an: »Wieso – bis später?«

»Ich ging doch gestern zum Fluß, um Wasser zu trinken und kehrte gleich wieder zurück. Aber als ich ging, vergaß ich – bis später – zu sagen. Tut mir leid, ehrlich.«

Pandi schaute lange und liebevoll oder mitleidig zu seinem Bruder, dann fragte er: »Papa, warum verstecken wir uns immer? Warum haben wir keine Freunde?«

»So sind wir nun mal«, antwortete Papa Panda, »wir wollen allein leben, abgeschieden von der Welt. Wir sind scheu. Wir sind nicht gesellig.« Und Mama Panda fügte noch hinzu: »Deshalb suchen wir uns auch immer Plätze aus, an denen wir uns verstecken können.«

»Warum spielen wir dann nicht verstecken?« fragte Pando.

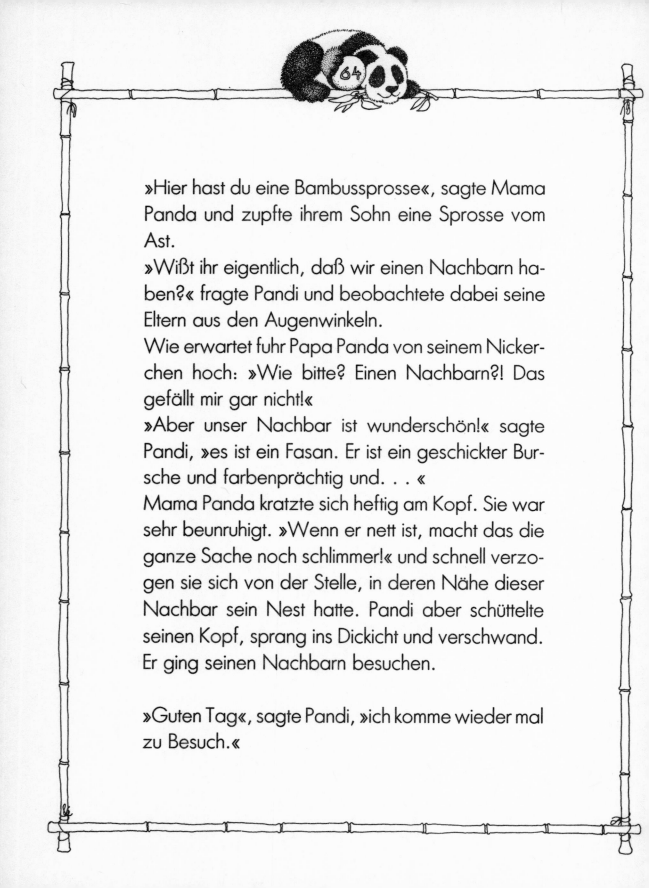

»Hier hast du eine Bambussprosse«, sagte Mama Panda und zupfte ihrem Sohn eine Sprosse vom Ast.

»Wißt ihr eigentlich, daß wir einen Nachbarn haben?« fragte Pandi und beobachtete dabei seine Eltern aus den Augenwinkeln.

Wie erwartet fuhr Papa Panda von seinem Nickerchen hoch: »Wie bitte? Einen Nachbarn?! Das gefällt mir gar nicht!«

»Aber unser Nachbar ist wunderschön!« sagte Pandi, »es ist ein Fasan. Er ist ein geschickter Bursche und farbenprächtig und. . . «

Mama Panda kratzte sich heftig am Kopf. Sie war sehr beunruhigt. »Wenn er nett ist, macht das die ganze Sache noch schlimmer!« und schnell verzogen sie sich von der Stelle, in deren Nähe dieser Nachbar sein Nest hatte. Pandi aber schüttelte seinen Kopf, sprang ins Dickicht und verschwand. Er ging seinen Nachbarn besuchen.

»Guten Tag«, sagte Pandi, »ich komme wieder mal zu Besuch.«

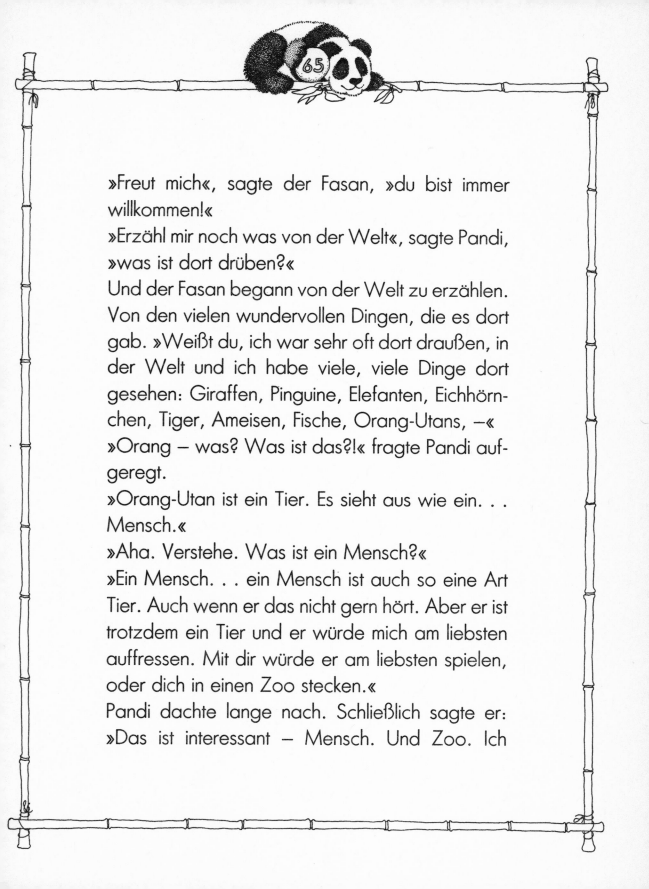

»Freut mich«, sagte der Fasan, »du bist immer willkommen!«

»Erzähl mir noch was von der Welt«, sagte Pandi, »was ist dort drüben?«

Und der Fasan begann von der Welt zu erzählen. Von den vielen wundervollen Dingen, die es dort gab. »Weißt du, ich war sehr oft dort draußen, in der Welt und ich habe viele, viele Dinge dort gesehen: Giraffen, Pinguine, Elefanten, Eichhörnchen, Tiger, Ameisen, Fische, Orang-Utans, –«

»Orang – was? Was ist das?!« fragte Pandi aufgeregt.

»Orang-Utan ist ein Tier. Es sieht aus wie ein. . . Mensch.«

»Aha. Verstehe. Was ist ein Mensch?«

»Ein Mensch. . . ein Mensch ist auch so eine Art Tier. Auch wenn er das nicht gern hört. Aber er ist trotzdem ein Tier und er würde mich am liebsten auffressen. Mit dir würde er am liebsten spielen, oder dich in einen Zoo stecken.«

Pandi dachte lange nach. Schließlich sagte er: »Das ist interessant – Mensch. Und Zoo. Ich möchte einen Menschen finden.« Schon am nächsten Tag schlich Pandi von zu Hause fort und machte sich auf die Suche nach einem Menschen.

Pandi marschierte und marschierte und schaute und schaute – bis er plötzlich stehenblieb. Ich weiß ja nicht einmal, wie so ein Mensch aussieht, dachte er sich. Da tauchte eine seltsame Gestalt auf.
»Grüß Gott, ich bin ein Pandabär und heiße Pandi. Wer bist du? Wie heißt du? Bist du ein Mensch?«
Während er so fragte, erinnerte er sich an seinen höflichen Bruder und fügte noch schnell hinzu: »Entschuldigung! Bitte. Danke sehr.«
Die seltsame Gestalt quakte: »Ich bin ein Frosch. Ich verbiete mir solche Vergleiche!« und er hüpfte zur Seite und verschwand im hohen Gras.
Pandi marschierte weiter und traf eine Spitzmaus.
»Entschuldigen Sie«, sagte er, »wissen Sie vielleicht, wo ich einen. . . « – aber bevor er aussprechen konnte, rannte die Spitzmaus zum Fluß, tauchte hinein, es machte »PLOP« und sie war verschwunden.

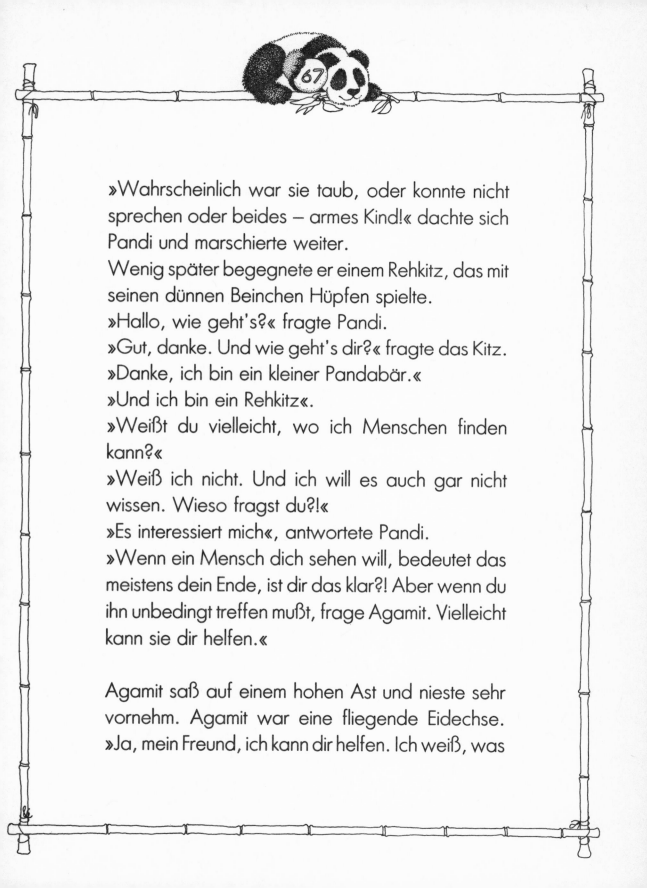

»Wahrscheinlich war sie taub, oder konnte nicht sprechen oder beides – armes Kind!« dachte sich Pandi und marschierte weiter.

Wenig später begegnete er einem Rehkitz, das mit seinen dünnen Beinchen Hüpfen spielte.

»Hallo, wie geht's?« fragte Pandi.

»Gut, danke. Und wie geht's dir?« fragte das Kitz.

»Danke, ich bin ein kleiner Pandabär.«

»Und ich bin ein Rehkitz«.

»Weißt du vielleicht, wo ich Menschen finden kann?«

»Weiß ich nicht. Und ich will es auch gar nicht wissen. Wieso fragst du?!«

»Es interessiert mich«, antwortete Pandi.

»Wenn ein Mensch dich sehen will, bedeutet das meistens dein Ende, ist dir das klar?! Aber wenn du ihn unbedingt treffen mußt, frage Agamit. Vielleicht kann sie dir helfen.«

Agamit saß auf einem hohen Ast und nieste sehr vornehm. Agamit war eine fliegende Eidechse.

»Ja, mein Freund, ich kann dir helfen. Ich weiß, was

du wissen willst. Geh dieses Tal hinunter, immer weiter, immer weiter. Irgendwann stößt du auf ein Dorf. Und in diesem Dorf gibt es, leider, Menschen.«

Langsam und bedächtig, wie ein richtiger Panda eben, marschierte Pandi los. Er schaute sich alles, was links und rechts seines Weges lag, genau an – alles interessierte ihn. Er schreckte Grashüpfer auf, jagte Schmetterlinge, sah Vögeln bei ihrem Flug zu – bis er müde war.

Er setzte sich ins Gras, um zu rasten, als ihn plötzlich ein heftiger Schlag traf. Pandi rollte wie ein Ball durch das Gras und blieb auf dem Rücken liegen. Er schlug seine Augen auf und sah über sich eine riesige, finster dreinblickende Gestalt.

»Ha-ha-hallo«, murmelte Pandi und versuchte zu lächeln.

»HM, grüßt du immer so freundlich, bevor du aufgefressen wirst?!«

Pandi grinste verlegen: »Weiß nicht – bin noch nie aufgefressen worden! Ich bin ein Pandabär und heiße Pandi. Und wer bist du, bitteschön?«

»Ich bin ein Tiger. Bitteschön. Sonst noch Fragen?«

»Moment – ich denke nach. . . «

»Himmel, Tiger nocheinmal!« brüllte der Tiger – und lachte, »du hast Glück, Kerlchen, weißt du das?! Ich hab' grade keinen Hunger – ich laß' dich laufen, o.k.?!«

»Das ist eine kluge Idee, daß du mich nicht frißt«, sagte Pandi, richtete sich auf und begann, sich zu putzen.

»Was is'n da so klug daran?!«, wollte der Tiger wissen.

»Ich schmecke nicht besonders gut. Außerdem wären meine Mama und mein Papa und mein Bruder traurig gewesen. Pando hätte sicherlich schon nach einigen Wochen gesagt: schade um ihn.«

Der Tiger verstand kein Wort. Er schüttelte seinen mächtigen Kopf, drehte sich um und verschwand zwischen den Felsen.

Pandi trottete weiter durch das Tal. Weiter, immer weiter bis er endlich eines Tages das Dorf erreichte. Er näherte sich vorsichtig dem ersten Haus und versteckte sich hinter einem Busch, der davor stand.

Er mußte nicht lange warten. Eine merkwürdige Gestalt, die auf zwei Beinen ging, bog um die Ecke und sang ein noch merkwürdigeres Lied:

> »Ich mag keine Drachen,
> mag keine süßen Sachen,
> nichts freut mich so sehr
> wie ein kleiner Pandabär!
> Süßer, kleiner Pandabär,
> wo bekomme ich dich her,
> würd' dich lieben und küssen,
> und dich. . .«

Da hörte das Lied auf, denn Pandi war aus seinem Versteck gekrochen, hatte sich dem seltsamen Wesen in den Weg gesetzt und gefragt: »Weißt du, wo ich einen Menschen finden kann?!«

Das fremde Wesen, das gesungen hatte, war natürlich ein Kind. Es starrte aus riesigen Augen auf Pandi, öffnete langsam seinen Mund und sagte: »Ich. . . ich. . . bin. . . ein. . . Mensch!«

»Und ich bin ein Pandabär, bitteschön. Man nennt mich Pandi, weil ich noch ein bißchen klein bin.«

»Ich heiße Dan, aber sie nennen mich Dandi, weil ich noch ein Kind bin. Das ist auch was Kleines!«

»Ich bin so glücklich, daß ich dich gefunden habe«, sagte Pandi, »ich habe dich immerzu und gestern und manchmal morgen und sehr oft heute gesucht!«

»Ich habe auch nach dir gesucht«, lachte Dandi, »weil ich so gern einen Freund hätte. Willst du mein Freund sein?«

Da kam Pandi der Tiger in den Sinn: »Du. . . du willst mich nicht auffressen?!«

»Was?! Kinder essen doch keine Pandabären!«

So wurden sie Freunde, und sie spielten und umarmten sich und rauften und sangen – bis es Abend wurde.

Als die Sonne unterging, hörten sie eine Stimme im Haus rufen: »Dandi! Hereinkommen! Waschen und essen!«

«Das ist meine Mama. Mein Papa ist sicher auch schon zu Hause«, flüsterte Dandi.

»Sind das auch Menschen?« fragte Pandi.

»Natürlich. Beide. Mann und Frau.«

Dandi und Pandi spazierten zusammen ins Haus.
Hand in Hand. Die Familie saß schon bei Tisch:
Dandis Papa, seine Mama, die große Schwester,
der kleine Bruder, der Großvater und die Groß-
mutter. Als Dandi und Pandi durch die Tür kamen,
glaubte die Familie zu träumen! »Was ist DAS?!?!«
riefen alle gleichzeitig.

»Das ist mein Freund«, sagte Dandi stolz, »ein
Pandabär. Er heißt Pandi.«

Die Familie flüsterte aufgeregt miteinander und
starrte auf das kleine Tier, das mitten im Zimmer vor
ihnen stand. Und Pandi starrte die Menschen an.
Er fand alles sehr interessant. Plötzlich aber entdeckte er in den Augen des Vaters einen gemei-
nen, hinterlistigen Blick. So einen, wie er ihn auch
schon in den Augen des Tigers gesehen hatte.
Dazu hörte er den Vater zur Mutter sagen: »Wir
legen ihn an eine Kette und verkaufen ihn an den
Zoo. Der bringt 'ne Menge Geld!«

Pandi machte einen kleinen Schritt rückwärts. Seine

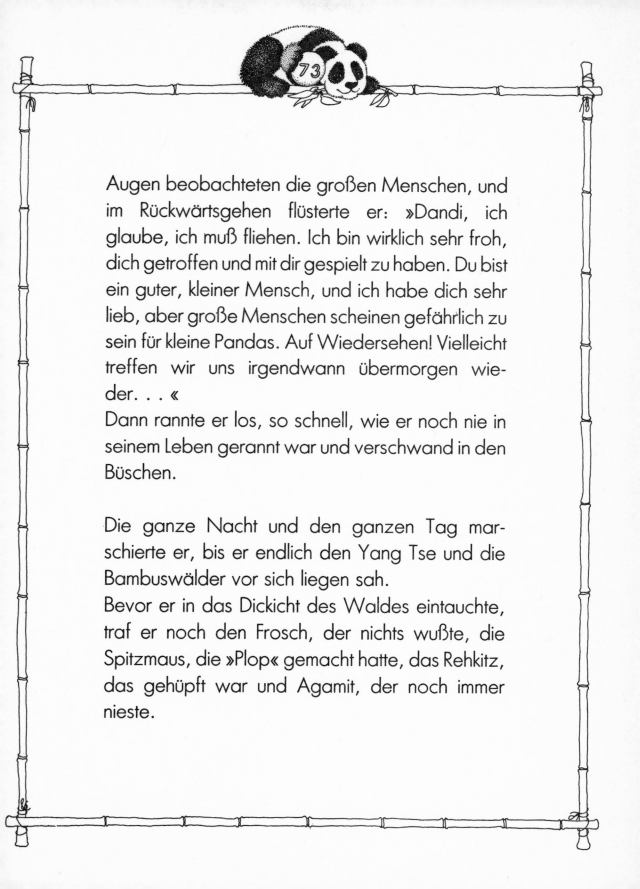

Augen beobachteten die großen Menschen, und im Rückwärtsgehen flüsterte er: »Dandi, ich glaube, ich muß fliehen. Ich bin wirklich sehr froh, dich getroffen und mit dir gespielt zu haben. Du bist ein guter, kleiner Mensch, und ich habe dich sehr lieb, aber große Menschen scheinen gefährlich zu sein für kleine Pandas. Auf Wiedersehen! Vielleicht treffen wir uns irgendwann übermorgen wieder. . . «

Dann rannte er los, so schnell, wie er noch nie in seinem Leben gerannt war und verschwand in den Büschen.

Die ganze Nacht und den ganzen Tag marschierte er, bis er endlich den Yang Tse und die Bambuswälder vor sich liegen sah.

Bevor er in das Dickicht des Waldes eintauchte, traf er noch den Frosch, der nichts wußte, die Spitzmaus, die »Plop« gemacht hatte, das Rehkitz, das gehüpft war und Agamit, der noch immer nieste.

»Ich habe Menschen gefunden!« rief Pandi.
»Und was denkst du von ihnen?« fragten die Tiere.
»Ich finde sie interessant«, lächelte Pandi und
machte sich auf die Suche nach seiner Familie.

Als er zu dem Platz kam, wo er sie verlassen hatte,
fand er nichts und niemanden. Er lief zu seinem
Nachbarn, dem Fasan.
»Hallo«, grüßte Pandi höflich, »ich komme wieder
mal zu Besuch.«
»Fein«, antwortete der Fasan, »sei willkommen.
Hast du Menschen gefunden?«
»Ja.«
»Und was denkst du von ihnen?«
»Interessant«, lachte Pandi, »sehr interessant.
Übrigens, hast du meine Familie gesehen?«
»Ja, habe ich.«
»Wo sind sie?«
»Suchen dich.«

Pandi rannte los, seine Familie zu suchen, die ihn
suchte. Mama und Papa Panda und Pando streif-

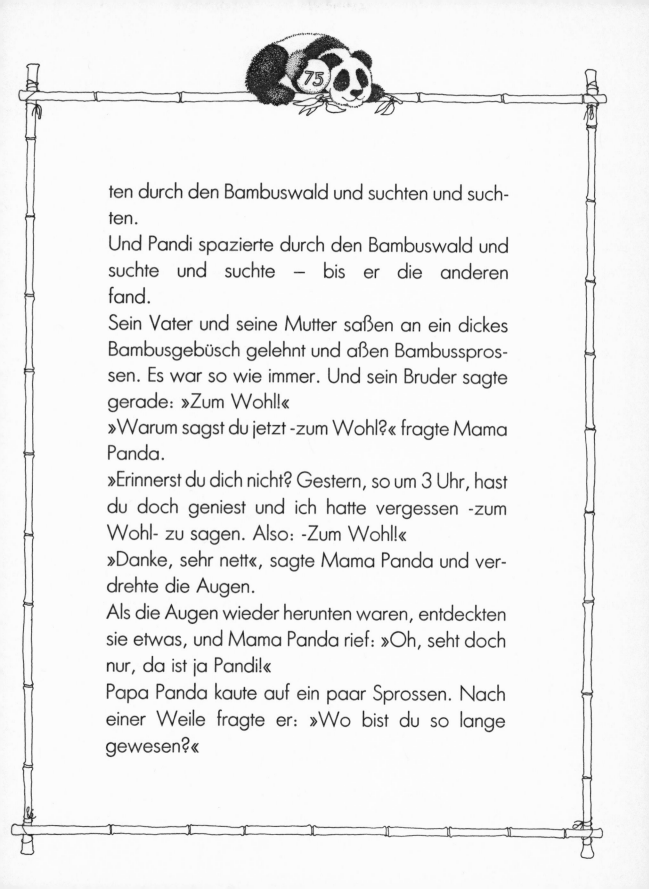

ten durch den Bambuswald und suchten und suchten.

Und Pandi spazierte durch den Bambuswald und suchte und suchte – bis er die anderen fand.

Sein Vater und seine Mutter saßen an ein dickes Bambusgebüsch gelehnt und aßen Bambussprossen. Es war so wie immer. Und sein Bruder sagte gerade: »Zum Wohl!«

»Warum sagst du jetzt -zum Wohl?« fragte Mama Panda.

»Erinnerst du dich nicht? Gestern, so um 3 Uhr, hast du doch geniest und ich hatte vergessen -zum Wohl- zu sagen. Also: -Zum Wohl!«

»Danke, sehr nett«, sagte Mama Panda und verdrehte die Augen.

Als die Augen wieder herunten waren, entdeckten sie etwas, und Mama Panda rief: »Oh, seht doch nur, da ist ja Pandi!«

Papa Panda kaute auf ein paar Sprossen. Nach einer Weile fragte er: »Wo bist du so lange gewesen?«

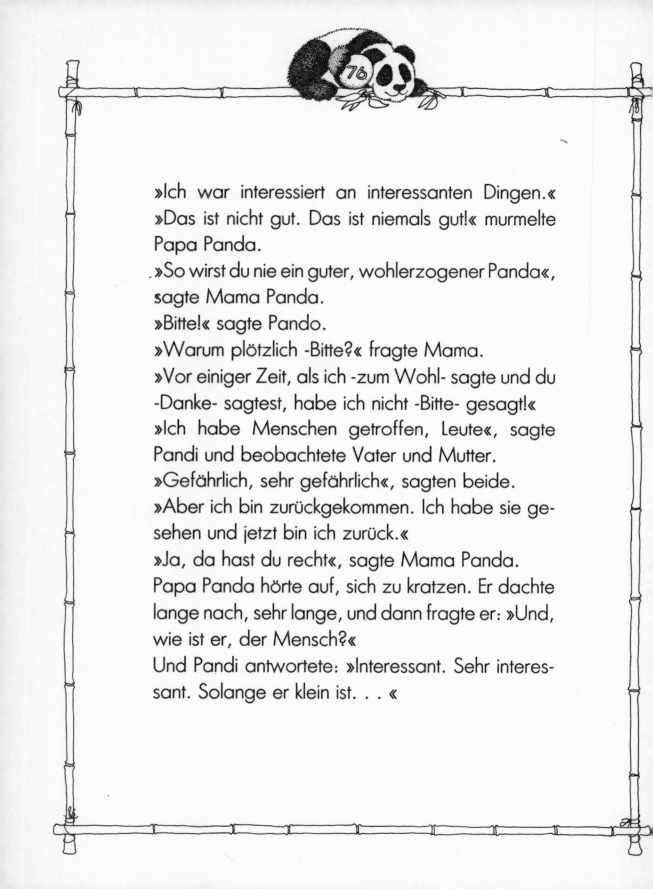

»Ich war interessiert an interessanten Dingen.«

»Das ist nicht gut. Das ist niemals gut!« murmelte Papa Panda.

»So wirst du nie ein guter, wohlerzogener Panda«, sagte Mama Panda.

»Bitte!« sagte Pando.

»Warum plötzlich -Bitte?« fragte Mama.

»Vor einiger Zeit, als ich -zum Wohl- sagte und du -Danke- sagtest, habe ich nicht -Bitte- gesagt!«

»Ich habe Menschen getroffen, Leute«, sagte Pandi und beobachtete Vater und Mutter.

»Gefährlich, sehr gefährlich«, sagten beide.

»Aber ich bin zurückgekommen. Ich habe sie gesehen und jetzt bin ich zurück.«

»Ja, da hast du recht«, sagte Mama Panda.

Papa Panda hörte auf, sich zu kratzen. Er dachte lange nach, sehr lange, und dann fragte er: »Und, wie ist er, der Mensch?«

Und Pandi antwortete: »Interessant. Sehr interessant. Solange er klein ist. . . «

HAIBERT

Im weiten Ozean lebte einmal ein sehr kleiner Hai. Er hieß Haibert. Haibert wohnte in der Kapitänskammer eines versunkenen Schiffes, tief, tief im Ozean.

Haibert und seine Eltern hatten keine Freunde, denn die nächsten Nachbarn wohnten sehr weit entfernt. Deshalb mußte Haibert immer allein spielen.

Eines Tages kam er weinend nach Hause. Er hatte eine große Beule auf seiner Nase. Mama Hai verarztete und tröstete ihn.

Am nächsten Tag kam er wieder weinend nach Hause. Wieder hatte er sich seine Nase gestoßen, und wieder bekam er einen Verband herumgewickelt.

Am 3. Tag kam er laut heulend und winselnd in die Kapitänskammer. Seine Nase blutete.

»Nun, sag, was ist denn mit deiner Nase los?« fragte Mama Hai.

»Ich thothe mit meiner Nathe überall an!« weinte Haibert.

»Warum paßt du nicht besser auf?! Du mußt schauen, wohin du schwimmst!«

»Tu ich ja ! Ich thau ja!« schluchzte Haibert, »aber ich thehe nichth! Ich thehe nichth und dann – BUMM! Meine Nathe ith gegen eine Thiffwand gethothen. Ich thehe nichth und dann – TRACK! Und meine Nathe ith mit einem grothen Hummer zuthammengefahren – der hatte thooolche Arme!«

Papa Hai schwamm vor Haiberts Nase auf und ab und fragte: »Kannst du mich sehen?«

»Wo bitht du?« antwortete Haibert, »komm ein bithchen näher, damit ich dich thehen kann!«

»Ai ai ai ai«, seufzte Papa Hai, »ich glaube, er ist kurzsichtig! Wahrscheinlich braucht er Augengläser!«

»Ich hab' Angtht vor Augengläthern!« rief Haibert.

Papa und Mama und Söhnchen Hai gingen zum Arzt. Der untersuchte Haibert sehr sorgfältig und verschrieb ihm wirklich Gläser.

»Du hast dich sehr tapfer benommen, Haibert«, sagte der Doktor, »dafür bekommst du was Süßes!« Und er öffnete ein hübsches Kistchen und überreichte Haibert zwei sehr süße Sardinen.

»Nein danke«, schrie Haibert auf, »keine thüthen Thardinen. Immer wenn ich thüthe Thardinen ethe, tun mir meine Zähne tho weh!«

»Ai ai ai ai«, rief der Doktor und untersuchte Haiberts Zähne.

»O la la la, deine Zähne sehen ja schlimm aus!« sagte der Doktor, »du brauchst ein Gebiß!«

»Ich habe Angtht vor einem Gebith!« rief Haibert. Der Arzt verpaßte ihm ein neues Gebiß.

»Jetzt, Haibert, schwimm ein bißchen. Ich möchte sehen, ob mit deinen Flossen alles in Ordnung ist«. Haibert schwamm ein wenig schief.

»Ai ai! O la la!« rief der Doktor, »da stimmt was nicht mit der linken Flosse! Du mußt für einige Zeit mit einer Plastikschiene schwimmen!«

»Ich habe Angtht vor der Plathikthiene!« rief Haibert.

Haibert ist jetzt ein großer, starker Hai. Er stößt sich nie die Nase an, liebt süße Sardinen und schwimmt so grade wie ein Strich.

»Das Leben ist schön«, sagt er, »auch wenn es zuerst manchmal schwierig erscheint!«

DER ALTE TIGER

Irgendwo in der Mandschurai, das ist in Rußland, in der Nähe des Flußes Amor bei Skorodino, lag eine riesige, weite Ebene. Das ganze Land war eingehüllt in eine dicke Decke aus Schnee. Und irgendwo stand ein einsamer Baum. Unter diesem Baum lag ein großer Tiger. Ein sibirischer Tiger — der größte, nicht nur der Mandschurai, sondern der ganzen Welt!

Es war sehr kalt in der Mandschurai. Von den Ästen des Baumes fiel der Schnee auf den Tiger, aber er kümmerte sich nicht darum. Er war sehr alt, sehr schwach und sehr müde.
Ab und zu leckte er sich die Schnurbarthaare, und seine Augenlider schlossen und öffneten sich sehr langsam. Seine Lieblingsbeschäftigung in diesen Tagen war es, sich zu erinnern: er fuhr mit dem Gedankenzug weit, weit zurück, bis zu der Zeit, als er noch ein Tigerkind war. . .

. . . Es war ein Frühlingstag, und er spielte mit seinen beiden Schwestern auf einer Blumenwiese.
»He, kommt mal schnell hierher und seht was ich gefunden habe!« – das war seine Schwester Tigra, »so kommt doch!«
Die beiden anderen kamen also gelaufen und sahen eine winzige, ängstliche Feldmaus zwischen Tigras Pranken.
»Himmel! Was ist das für ein lustiges Ding?!« fragte Tigressa, seine zweite Schwester. Tigressa sagte immer »Himmel«, bevor sie was anderes sagte. Beim Anblick einer Wolke hätte sie »Himmel, was für eine Wolke« gerufen, oder »Himmel, ich erinnere mich an was!«
»Vielleicht ist es was zum Essen«, sagte Tiggi. So hieß der große, alte Tiger, als er noch klein war.
»Das glaube ich nicht«, meinte Tigra, »dafür ist es zu klein.«
»Himmel, Tiggi, warum kostet du nicht ein bißchen?!«
Die winzige Maus begann um ihr Leben zu betteln.
»Bitte, bitte, freßt mich nicht!« jammerte sie, »meine

Mama würde sehr böse werden. Und überhaupt – ich bin wirklich zu klein, für euch drei bin ich sicher nicht genug!«

»Laß sie gehen!« sagte Tiggi zu seiner Schwester. Die Maus rannte davon und jauchzte: »Danke Tiggi! Vielleicht kann ich dir auch irgendwann mal helfen!«

Als Tiggis Vater von diesem Zwischenfall mit der Maus hörte, war er ein bißchen verärgert. »Essen soll man niemals entwischen lassen«, sagte er, »egal wie klein es auch ist. Du hast es zu essen.« Tiggi führte über diese Angelegenheit ein ernstes Gespräch mit seinem Freund, einer Krähe. Die Krähe wiegte den Kopf und meinte: »Dein alter Herr hat recht. Essen sollte man nicht laufen lassen. Man muß es fressen.«

»Aber ich war nicht einmal hungrig«, sagte Tiggi, »und außerdem – ganz ehrlich – ich habe mich richtig gut gefühlt, als ich das kleine Ding freiließ. Ich glaube, ich würde alle möglichen Dinge freilassen – ich bin nie sooo hungrig. . . «

Der große, alte Tiger lag unter dem Baum und wartete. Er fühlte und wußte, daß sein Leben langsam zu Ende ging. Und er fand es auch richtig so. Ein weißer Hase, der gerade erst gestern seinen ersten Geburtstag gefeiert hatte, betrachtete den Tiger aus weiter Entfernung und voller Ehrfurcht. »Das ist ER!« dachte er sich, »das ist der größte, der schrecklichste Tiger auf der ganzen Erde. Aber – seltsam, er macht mir gar keine Angst mehr. Er scheint sehr müde zu sein und so hilflos. Wenn ich könnte, würde ich ihm am liebsten helfen. Aber – ich weiß nicht, wie man einem Tiger hilft.«

Der Tiger lächelte mit geschlossenen Augen und erinnerte sich, als er vor langer, langer Zeit zum ersten Mal allein in die große, weite Welt marschierte.
Zuerst hatte er Angst gehabt, so ganz ohne Mami, aber bereits einige Monate später streunte er durch die ganze Mandschurai – und hatte nie mehr Angst! Er wurde größer, stärker, war schön und artig, und er hatte ein gutes Herz. Schließlich

wurde er, nach vielen Jahren, der größte aller Tiger.

Eines Tages, als er in der Nähe des Ussuri Flußes jagte, schnappte ihm ein anderer Tiger seine Beute weg. Tiggi war verärgert und beschloß, dem Eindringling eine Lektion zu erteilen. Er näherte sich dem anderen in Kampfstimmung, geduckt und brummend und wollte schon. . . . Aber plötzlich stoppte er: ein bekannter Duft, ein guter, angenehmer Duft zog durch seine Nase. Der andere Tiger fletschte nun die Zähne und fauchte bedrohlich. Da richtete sich Tiggi auf und sagte: »Mami! Erkennst du mich nicht mehr?!« Der andere Tiger schaute ihn ungläubig an. »Tiggi?!« fragte sie unsicher, »JA! Es ist Tiggi! Mein lieber, kleiner Tiggi! Wie hübsch du bist! Und wie groß!!«

Sie kam näher und wollte ihn lecken, aber er wich verlegen zurück und zischte leise: »Mama, hör auf. Ich bin doch kein Baby mehr! Mutter, bitte!«

Und seine Mama sagte: »Du wirst immer mein süßer, kleiner Tiggi bleiben! Ich werde nie vergessen, wie entzückend du warst. Erinnerst du dich, wie du geweint hast, als du nicht gleich . . . «

»MUTTER«, unterbrach Tiggi, »jetzt ist es genug. Ich bitte dich!«

»Ist ja gut, mein Schatz«, grinste seine Mutter, »komm mit zu deinen Schwestern. Sie sind auch sooo entzückend!«

Als die beiden Mädels ihren großen Bruder sahen, riefen sie begeistert: »WOW! Unser Brüderchen ist ja größer als Mami und stärker als Papi!«

Ja, das war vor langer Zeit, vor sehr langer Zeit. . .

Der riesige Tiger lag ausgestreckt im Schnee und lächelte über sich selbst. Weit weg sah er im Schnee eine Gruppe von Rehen und Hirschen. Es erinnerte ihn daran, wie er eines Tages, vor langer, langer Zeit eine Wildherde aufgespürt hatte. Als der Hütermensch den großen Tiger sah, rannte er voll Angst davon. Später hörte er den Hütermenschen mit seinem Freund darüber sprechen: »Was ist passiert, Konfuzius? Warum bist du so weiß im Gesicht?« hatte der Freund ihn gefragt.

»Ich habe ihn gesehen! Den Giganten! Den schrecklichen Tiger!«

»Was?! Wann?! Wo?! Schnell weg von hier!!!«

»Ich will ja rennen! Ich will, aber ich kann nicht! Meine Beine lassen sich nicht mehr bewegen. Meine Knie schlottern, meine Füße sind wie betoniert – es ist ein Wunder, daß ich noch lebe!«

Der Tiger lag hinter einem Erdhaufen und hatte das ganze Gespräch belauscht. Plötzlich kam er langsam und sehr lässig aus seinem Versteck hervor und schlenderte auf die beiden Menschen zu. An ihnen vorbei, als wären sie gar nicht da. Aus den Augenwinkeln sah er ihre Gesichter weiß werden, weiß wie der Schnee, der ringsum lag. Und er sah, wie sie nicht einen ihrer Muskeln bewegen konnten. In seinem Herzen verabscheute er die beiden Menschen wegen ihrer Feigheit. Tiggi haßte Feigheit. Er selbst fürchtete nichts und niemanden!

Die Augenlider des alten Tigers öffneten sich mühevoll und klappten angestrengt wieder zu. Mit einemmal vermißte er etwas – er hatte plötzlich nach irgendetwas Sehnsucht. Oder war es — irgendjemand? Ja! Sein Herz füllte sich mit Wärme und er erinnerte sich. . .

Er erinnerte sich, wie er eines Tages ein grauäugiges Mädchen mit goldenem Haar getroffen hatte. Als er sie sah, dachte er sich — das ist das wunderbarste Wesen, das ich je vor die Augen bekommen habe. Deshalb sollte sie weder verletzt, noch gekränkt und schon gar nicht aufgefressen werden. Er hatte so ein Gefühl, als wäre sie stärker als er — weil sie so schön war. Seine Stärke und ihre Schönheit. Das war so ein Gefühl, das er nicht verstehen konnte.

Das Mädchen liebkoste ihn ohne Angst, kitzelte seine feuchte Nase und sagte besorgt: »Oh, deine Nase ist kalt und feucht! Weißt du was? Ich werde dir einen kleinen Nasenpullover stricken — willst du?!«

Während er Sterne vor seinen Augen tanzen sah, umarmte sie ihn und streichelte seinen riesigen Kopf.

Er lag zu ihren Füßen, auf dem Rücken, wie ein Schoßhündchen.

Obwohl es so lange her war, begriff Tiggi nun, daß er dieses grauäugige Mädchen sein ganzes Leben vermißt hatte.

Der alte Tiger hob langsam seinen riesigen Kopf. Seine Augen waren halb geöffnet. Nicht weit entfernt von ihm stand ein Vogel, eine blauschimmernde Elster. Die Elster schaute traurig auf den mächtigen Tiger, und eine kleine Träne rollte aus ihrem Auge.

Der Tiger lächelte und flüsterte mit schwacher Stimme:

»Hallo, Elster.«

»Hallo, armer Tiger. Reg dich nicht auf, hab keine Angst!«

»Das ist lieb von dir, daß du mich trösten willst. Aber es ist nicht notwendig. Ich bin sehr alt. Ich habe lange genug gelebt.«

»Willst du, daß ich dir ein bißchen vorsinge?« fragte die Elster.

»Danke. Ja. Aber nicht jetzt. Etwas später. Später.«

Seine Augen schlossen sich wieder und die blauschimmernde Elster flog davon.

Zwei graue Wölfe trotteten heran und blieben in der Nähe des Baumes stehen. Lange starrten sie schweigend auf den Tiger, der hingestreckt im Schnee lag, die Augen geschlossen.

»Das ist er«, flüsterte der Wolf, der nur mehr ein Auge hatte, »da liegt der größte, schrecklichste Tiger, der je gelebt hat. Schau ihn dir an − wie majestätisch er daliegt. Als würde er schlafen.«

»Ja, als würde er schlafen«, sagte der andere Wolf, der ein verkrüppeltes Bein hatte, »der Schrecklichste, ja das war er, aber er hatte immer ein gutes Herz. Er tat niemandem etwas zuleide und half immer den Armen.«

»Ja, ja, immer den Armen«, sagte der Erste spöttisch, »deshalb bist du ja auch ein Krüppel.«

»Er hat es getan, aber es war meine eigene Schuld. Ich wollte damals ein Stück von seiner

Beute stehlen – ich konnte nicht warten, bis er gegangen war. Da hat er mich ein bißchen getätschelt – seitdem hinke ich.«

»Und ich wollte ein Stück Fleisch stehlen, das er für einen kranken Fuchs zurückgelassen hatte. Er sah es und kitzelte mich ein bißchen. Seitdem habe ich nur noch ein Auge.«

»Komm, lassen wir ihn allein«, sagte der zweite Wolf leise, »stören wir ihn nicht.«

Am späten Nachmittag traf eine Gruppe weißer Eisbären ein. Sie waren weit aus dem Norden gekommen, um den berühmten Tiger zu sehen. Sie blieben knapp vor ihm stehen und betrachteten ihn voll Achtung und Bewunderung.

»Wir kommen noch rechtzeitig«, wisperte Mutter Bär zu Vater Bär, »er ist sehr, sehr alt. Bald wird er einschlafen, für immer.«

Nach einiger Zeit sagte Vater Bär: »Nun können wir beruhigt nach Hause gehen und jedem erzählen, daß wir ihn gesehen haben – den besten Tiger, der je gelebt hat!«

Das kleinste Eisbärenjunge hörte nicht zu. Es stand etwas abseits und fragte seine Mutter: »Mama, was ist eine Schildkröte? Ein Frosch mit einem Deckel? Oder was?!«

»Scht – Scht – Scht«, zischte Mutter Bär.

Dann begann es wieder zu schneien.

Einige Tage später, als der letzte Schnee dieses Winters gefallen war und die Ebene in der Nähe des Amor bei Skorodino in der Mandschurai unter einer dicken Schneedecke lag, lief ein Raunen durch das Land: der große, wunderschöne Tiger lebte nicht mehr.

»Schade«, sagte die blauschimmernde Elster zu einer Freundin, »und ich wollte ihm noch ein Lied singen. Jetzt ist er fort.«

»Ja, ja, fort«, flötete die Freundin, »aber ich bin hier und ich erlaube dir, für mich zu singen.«

»Sehr gut«, sagte die blauschimmernde Elster, »weißt du was? Ich habe eine kleine Blume gesehen, die ihren Kopf durch den Schnee gesteckt hat. Da kann der Frühling nicht mehr weit sein! Komm, wir wollen sie begrüßen!«

NESCH-NESCH

Es war einmal ein kleiner Adler. Bevor er geboren wurde, bevor er aus dem Ei schlüpfte, hatte seine Mama gesagt: »Wenn ich einmal ein Baby haben werde, soll es Nesch-Nesch heißen. Ich glaube, das paßt sehr gut zu einem kleinen Adler!«
Als Nesch-Nesch dann eines Tages die harte Schale seines Eies durchbrochen hatte und wahrhaftig im Nest saß, rief seine Mama so laut sie konnte nach seinem Papa: »He, ich habe ein Geheimnis für dich! Du bist Vater geworden! Wir haben einen kleinen Nesch-Nesch!«

Nach einigen sehr ruhigen Tagen konnte er zum ersten Mal seine Augen öffnen. Rund um ihn waren Felsen, über ihm blauer Himmel und in weiter Entfernung sah er das Meer.
Das schillernde Meer interessierte ihn am meisten. Er fragte: »Was ist DAS?« und zeigte mit dem Schnabel in die Richtung des Wassers.

»Das ist das Meer, mein Baby, das Mittelmeer«, antwortete seine Mutter.

»Ist das was zum Essen?«

»Oh, nein, du kannst es weder trinken noch essen. Es ist sehr salzig.«

»Ach so. Äh – was ist – s a l z i g?« fragte Nesch-Nesch.

»Das ist ein G e s c h m a c k. Es gibt salzig und es gibt süß. Du bist übrigens süß!«

»Das stimmt nicht. Ich bin Nesch-Nesch!«

»Ja, ja, du hast ja recht. Du bist mein süßer, kleiner Nesch-Nesch!«

»Mama«, fragte Nesch-Nesch, »woher bin ich denn gekommen? Ich meine, wo war ich, bevor ich hierherkam?«

»Du warst in einem Ei. In einem schönen, runden Ei«, antwortete seine Mutter lächelnd.

»Aber – warum bin ich dann nicht rund?!«

»Nun weil, es ist so – ach, es ist eben so, wie es sein muß! Schau, da kommt dein Vater und bringt dir was zum Essen.«

Papa Adler landete auf einem Felsen. In seinen

Krallen hielt er eine kleine Eidechse, die er für seinen Sohn gefangen hatte. »Iß, Nesch-Nesch!« sagte Papa Adler und überreichte Nesch-Nesch das kleine Tier.

Nesch-Nesch nahm die Eidechse, hielt sie an ihrem Schwanz hoch und bestaunte sie: »Was ist DAS?!«

»Das ist Nahrung. Iß!«

Papa und Mama Adler ließen ihren kleinen Sohn mit seinem Mittagessen allein und flogen davon.

Nesch-Nesch schaute der Eidechse in die Augen und sie schaute ihm in die Augen – sie hatte große Angst: »Wirst du mich jetzt auffressen?!« fragte sie.

»Vielleicht«, antwortete Nesch-Nesch, »mein Vater hat mir ja gesagt, ich soll dich fressen.«

»Ja, aber deine Mama hat nichts gesagt!«

»Da hast du recht. Außerdem bin ich im Moment nicht hungrig.

Übrigens – was bist du eigentlich? Und wie heißt du?«

»Ich bin eine kleine Eidechse. Man ruft mich Eidi. Aber sag: warum fliegst du nicht?!«

»Ich bin doch noch zu klein, ich darf noch nicht fliegen! Übrigens: wo wohnst du?«

»In der Nähe des Meeres«, antwortete Eidi schüchtern.

»Beim Mittelmeer?!«

»Was?! Woher weißt du, wie das Meer heißt?!«

»Ach – ich weiß viele Sachen. Weißt du, daß ich früher mal in einem Ei gewohnt habe?! Und ich bin nicht salzig, ich bin süß! Übrigens: wollen wir Freunde sein?«

»O ja, sehr gern, sehr gern«, lächelte Eidi und war glücklich, nicht aufgefressen zu werden.

»Gut, hör zu: immer, wenn meine Eltern ins Nest kommen, versteckst du dich. Wenn sie wieder wegfliegen, kommst du heraus und wir spielen zusammen.«

So geschah es. Später, als er ein bißchen größer geworden war, unterrichtete Eidi Nesch-Nesch im Fliegen. Sie konnte zwar nicht fliegen, aber sie war trotzdem eine gute Lehrerin.

Eines Tages sagte Eidi: »Du, Nesch-Nesch, ich bin schon so lange von zu Hause fort – ich vermisse meine Mama ein bißchen.«

»Gut«, sagte der Adler, »ich bringe dich nach Hause.«

Er hielt sie sehr behutsam in seinen Krallen und flog sie zum Meer – zum Mittelmeer. In der Nähe der Höhle, in der sie mit ihrer Mama lebte, setzte er sie ab. Und er kam immer vorbei, um Eidi zu besuchen. Immer. Nun ja – bis sie erwachsen waren. . .

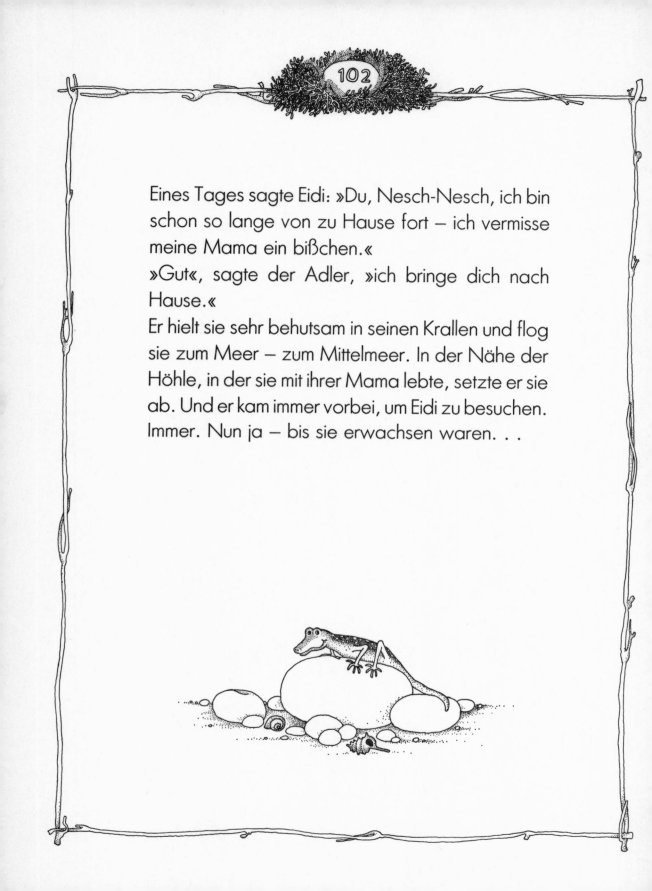

Edition Neues Märchen

ist ein neuer Verlag, der es sich zur Aufgabe gesetzt hat, ausschließ-
lich Märchen des 20. Jahrhunderts zu verlegen. Das Märchen, und
die wiederentdeckte Kunst des Erzählens feiert in letzter Zeit weltweit
eine großartige Renaissance! Und dies ist nicht, wie so oft geschrie-
ben, der Wunsch zur Flucht aus der Wirklichkeit, im Gegenteil, es
drückt eine tiefe Sehnsucht *nach* der Wirklichkeit aus – einer Wirklichkeit, die alle Dimensionen unseres Lebens beinhaltet!
Wenn Sie direkt über unsere Arbeit informiert werden wollen, senden
Sie uns eine Karte:

EDITION NEUES MÄRCHEN
A-8421 WOLFSBERG / Steiermark

IN DER EDITION NEUES MÄRCHEN SIND WEITERS ERSCHIENEN:

DER CHRISTBAUM

Ein Weihnachtsmärchen für das ganze Jahr von Folke Tegetthoff. Mit
Bildern der international anerkannten Illustratorin Marta Koči.
Es ist die Geschichte einer kleinen Tanne, die sich nichts sehnlicher
wünscht, als Licht zu werden und Freude zu bringen!
Für Menschen ab 5

FAIRY TALES – MÄRCHEN

Eine zweisprachige (englisch/deutsche) Anthologie der schönsten
Märchen Folke Tegetthoffs. Eine ideale Lektüre für alle, die Englisch
sprechen oder lernen. Von Kindermärchen in einfacher, leicht ver-
ständlicher Sprache, bis zu sprachlich anspruchsvollen Märchen für
Erwachsene.
Für Jugendliche (ab 12) und Erwachsene

MÄRCHENBRIEFE

Briefe des Märchens an unsere Alltäglichkeiten. Gefunden (in einem kleinen südamerikanischen Fischerdorf) und gesammelt von einem der wichtigsten Märchendichter unserer Zeit, Folke Tegetthoff.

Das Märchen schreibt an die Stille, das Flugzeug, die Hand, den Tisch, an das Ende und an vieles mehr.

Illustriert von Peter Kaczmarek, dem bekannten Cartoonisten der »ZEIT«, »WELT« und anderer großer deutscher Zeitungen und Magazine.

Ausgezeichnet mit dem Landesförderungspreis für Jugendliteratur 1986. Verfilmt vom ORF 1988.

Für Jugendliche und Erwachsene.

GOTT IST ÜBERALL ZU HAUSE

Folke Tegetthoff hat Märchen aus dem Christentum, dem Islam, dem Judentum und dem Buddhismus / Hinduismus gesammelt und zum Teil neu erzählt. Ein großartiges Buch, um Kindern, Jugendlichen und Erwachsenen ein Bild anderer Religionen und Kulturen zu geben. Die phantastische Welt des Märchens und der Geschichte zusammen mit religionspädagogischen Aspekten in einem Buch voller Spannung, Freude und Toleranz !

Für Kinder (ab 10), Jugendliche und Erwachsene

Oded Bourla

wurde 1915 in Jerusalem, Israel, geboren. Nach der Grundschule besuchte er ein landwirtschaftliches College, dann eine Kunstakademie. Seiner Familie, die seit über 300 Jahren in Jerusalem lebt, entstammen viele bedeutende Künstler Israels.

Oded lebte viele Jahre in den U.S.A., wo er auch seine literarische Begabung entdeckte. Neben dem Schreiben betätigt er sich als Komponist, Maler (er illustriert seine Bücher alle selbst), Designer, Kunsthandwerker, Bildhauer (Holz, Metall, Glas, Leder).

Fast jedes Kind in Israel ist mit einem seiner 62 Bücher aufgewachsen. Er gilt als *der* Kinderbuchautor Israels und ist auch ein großartiger Erzähler seiner Geschichten.

Er war zweimal umjubelter Gast beim Internationalen Festival »Die lange Nacht der Märchenerzähler« in Österreich.

Oded Bourla ist mit einer Konzertgitarristin verheiratet, hat 2 Kinder (Leeron, eine Künstlerin und Tamir, der in New York studiert) und lebt heute in Tel Aviv.

Folke Tegetthoff hat diesen wichtigen Autor für den deutschsprachigen Raum entdeckt und präsentiert ihn mit diesem Buch zum ersten Mal in deutscher Sprache.

Auch die Illustratorin feiert mit diesem Buch ein Debüt: Christine Sormann (geboren 1949) ist Autodidakt und hatte als Malerin und Zeichnerin schon einige Erfolge zu verzeichnen – nun zeigt sie ihr großartiges Talent als Buchillustratorin! Sie ist mit einem Physiker verheiratet, hat einen Sohn (Michael, der noch zur Schule geht) und wohnt in Graz.